面试技巧与思维训练

杨永照◎编著

人民日报出版社
北京

图书在版编目（CIP）数据

面试技巧与思维训练 / 杨永照编著. -- 北京：人民日报出版社，2025. 4. -- ISBN 978-7-5115-8704-6

Ⅰ. D630.3

中国国家版本馆CIP数据核字第2025VZ8467号

书　　名：面试技巧与思维训练
MIANSHI JIQIAO YU SIWEI XUNLIAN
编　　著：杨永照

出 版 人：刘华新
责任编辑：葛　倩　杨　瑾
封面设计：中尚图

出版发行：人民日报出版社
社　　址：北京金台西路2号
邮政编码：100733
发行热线：（010）65369527　65369846　65369509　65369512
邮购热线：（010）65369530
编辑热线：（010）65363486
网　　址：www.peopledailypress.com
经　　销：新华书店
印　　刷：三河市中晟雅豪印务有限公司
法律顾问：北京科宇律师事务所（010）83632312

开　　本：710mm × 1000mm　1/16
字　　数：173千字
印　　张：13
版次印次：2025年4月第1版　2025年4月第1次印刷

书　　号：ISBN 978-7-5115-8704-6
定　　价：58.00元

卷首语

近年来，伴随着高校毕业生的日益增多，考取公务员成为社会上热门职业的路径选择之一。

为党育人，为国育才。为更好地选拔国家优秀人才，提升公务员综合素质，笔者凭借多年丰富的面试经验和从事马克思主义理论研究的经历，利用业余时间，数易其稿，编写了这本《面试技巧与思维训练》。本书具有指导性和可操作性，能够帮助广大考生高效储备知识、快速掌握答题技巧、有效提升面试控场能力，实现由“说不出话”到“能说出话”再到“说出佳话”，从而顺利通过面试。

想取得好的面试效果，考生需要遵循学习“三步法”。第一步，上道：考生在专人指引下迅速入门，科学学习。第二步，上手：考生能够迅速找到解题的突破口。第三步，上心：考生能够主动科学掌握面试解题的基本规律和基本思路，“出口成章”。

本书最为突出的特色和优势是科学运用理论，考生如果科学掌握这个部分，回答问题就有理论深度，从而实现高分突破！在本书编写过程中，得到一些专家学者的精心指导，笔者在此一并表示感谢。由于水平有限，疏漏之处在所难免，敬请批评指正。

2025 年 2 月

目录

附录（一） 实用精句 137

附录（二） 马克思主义立场、观点、方法精选 169

开场导语

结构化开场

考生：尊敬的各位考官，大家上（下）午好！我是今天面试的 × 号考生。

主考官：× 号考生，你好！祝贺你进入面试。今天的面试共计 4 道题，时间为 20 分钟，希望你合理把握（事业单位面试共计 3 道题，时间为 15 分钟）。题本就放在你座位的桌面上，我说完了，你再翻开题本进行作答，答题时你可稍做思考再进行回答，每道题回答完了请告诉我“答题完毕”。希望你不要紧张，敞开思路、从容作答，充分展示自己。你听明白了吗？

考生：听明白了。

主考官：好！现在面试开始，请计时。

……

答题结束时，考生起立，到考生席旁边鞠躬致谢：“各位考官辛苦了！”然后有礼貌地离场。

结构化小组开场

考生们：尊敬的各位考官，大家上（下）午好！我是今天面试的 1 号考生。我是 2 号考生。我是 3 号考生。

主考官：3 位考生，你们好！祝贺你们顺利通过笔试并进入面试环节。今天的面试共分为答题和互评两个环节进行。答题环节，每题用时控制在 2 分钟以内；点评和回应环节，每题用时控制均各在 1 分钟以内。

答题环节规则为：1 号考生先回答第 1 题，2 号考生、3 号考生次之；2 号考生先回答第 2 题，3 号考生、1 号考生次之；3 号考生先回答第 3 题，1 号考生、2 号考生次之。

互评环节规则为：1 号考生对 2 号考生、3 号考生进行点评，2 号考生、3 号考生分别对 1 号考生进行回应；2 号考生对 3 号考生、1 号考生进行点评，3 号考生、1 号考生分别对 2 号考生进行回应；3 号考生对 1 号考生、2 号考生进行点评，1 号考生、2 号考生分别对 3 号考生进行回应。

希望你们不要紧张，敞开思路、从容作答，充分展示自己。你们听明白了吗？

考生们：听明白了。

主考官：好！现在面试开始，请计时。

……

答题结束时，3 位考生同时起立，到考生席旁边鞠躬致谢：“各位考官辛苦了！”然后有礼貌地离场。

经验之谈

● 经验之一

面试全程须注意“三大要素”：仪表、举止、言谈。

● 经验之二

面试成功有“三大秘诀”：丰富的知识储备、科学的答题技巧、良好的情绪控制。

● 经验之三

面试高分的“三大关键”：理论的深度、政治站位的高度、知识面的广度。

● 经验之四

面试前的准备会经历“三重境界”：“小白”状态、“灰色”状态、“智者”状态。

面试过程的“三大要素”

考生在公考面试过程中，要注意哪些核心要素和关键环节呢？笔者亲临面试现场近 15 年，具有丰富的面试实战经验，对面试工作感受非常深刻。公考面试要注意仪表、举止和言谈三个要素，三者缺一不可。

1. 仪表要自然。面试时，考生的表情及穿着打扮不可忽视。考生表情尽量保持放松状态，情绪要稳定。男考生春秋季一般身穿深蓝色或灰黑色等常规颜色的西服（佩戴领带也可），穿黑色皮鞋，两鬓头发稍短；夏季穿白色短袖，深蓝色或深黑色长裤为宜。女考生春秋季一般身穿深蓝色或灰黑色等常规颜色的西服或裙子（不宜过短），穿黑色皮鞋，长发以扎马尾辫为宜。总之，考生衣着得体，面部表情自然即可。

2. 举止要得体。考生面试时一定要谨记先有节奏地敲门 2—3 声，在主考官喊出“请进”的指令后，再走进面试考场，步伐应坚定且自信，在考生席旁立定并进行道白：“尊敬的各位考官，大家好，我是 × 号考生。”然后主考官会说“考生请坐”，考生即可坐下，做到站有站相、坐有坐相。面试期间，考生要稍带笑意地面对主考官，还要不时地平视其他考官，以示对其他考官的尊重。面试结束后，考生站立向考官们鞠躬表达谢意，做到善始善终。

3. 言谈要有物。这是考生面试过程中的核心内容。考生怎么做到妙语连珠、出口成章？满腹经纶方能做到。这就要求考生平时多储备一些理论知识、经典语句和优美段落等。

面试成功的“三大秘诀”

考生要想顺利通过考试，必须掌握“三大秘诀”，即丰富的知识储备、科学的答题技巧和良好的情绪控制，三者缺一不可。

1. 拥有丰富的知识储备。拥有丰富的知识储备是面试中精彩作答的前提和基础。如果考生不具备丰富的知识储备，回答问题磕磕巴巴，上句不接下句，上下句之间有很多“呃”“那么”“哦”等赘语，最终会严重影响面试成绩。对此，考生必须储备丰富的知识，每天坚持背诵一些优美的经典语句和段落，提高回答问题的美感。获取知识的途径包括面试老师精准推送的文章，以及《人民日报》《求是》《时事报告》《半月谈》等报刊。久而久之，你必然会提高语言魅力和表达流畅度。

2. 掌握科学的答题技巧。结构化面试强调的是回答问题要做到逻辑思路清晰。既然是结构化面试，回答问题必然要遵循面试答题结构，这是面试的关键。否则，考生给予面试考官的印象就是逻辑思路混乱，很难取得高分。答题结构要做到“到什么山，唱什么歌”。比如，考生在回答综合分析题时，就要按照如下结构作答：表明观点（是什么）→分析论证（为什么）→结合自身谈实践（怎么办）等。

3. 保持良好的情绪控制。面试时，一些考生由于过度紧张，回答问题时语无伦次、吞吞吐吐，还伴随着多余的肢体语言，导致面试失败。要想面试取得高分，必须反复练习。可以通过模拟面试考场，邀请权威专家参与，或者自己面对着镜子等参照物进行练习，从而避免在真正面试时过于紧张。

面试高分的“三大关键”

对于考生而言，如何才能在面试过程中过关斩将，取得高分，拔得头筹呢？关键要从以下三个方面狠下功夫：

1. 具备理论的深度。理论是行动的先导，无论是笔试还是面试，考生们一刻也不能离开理论思维。具备理论深度的面试才有高度。很多考生不具备这种理论功底，在面试当中无法拔高回答问题的水平。

2. 实现政治站位的高度。对于出题人来说，拟制面试题目必然基于当今社会时代背景的热点问题。对此，考生们必须掌握当今社会的时事热点，比如习近平总书记的新年贺词、在主题教育活动上的讲话、在中国共产党成立 100 周年庆典上的讲话、在中国共产主义青年团成立 100 周年庆典上的讲话等。

3. 拓宽知识面的广度。考官基本上在考生回答问题的前两分钟内就能够判断出其知识面的广度如何。回答问题的视角应是多维度的，必须具备战略思维和系统思维。否则，考生的回答就显得支离破碎，不够结构化、系统化。因此，考生在准备面试时要掌握经济、政治、文化、社会、生态文明、党建、作风等多方面的知识。

面试准备的“三重境界”

王国维先生在《人间词话》中提到治学的三重境界，“昨夜西风凋碧树，独上高楼，望尽天涯路”，此第一境也；“衣带渐宽终不悔，为伊消得人憔悴”，此第二境也；“众里寻他千百度，蓦然回首，那人却在，灯火阑珊处”，此第三境也。在公考面试之前的准备环节，考生也必须经历“三重境界”：“说不出话”（“小白”状态）、“能说出话”（“灰色”状态）、“说出佳话”（“智者”状态）。

一重境界：“小白”状态。在这一境界，考生要做到“翻手作云覆手雨，纷纷轻薄何须数”。考生回答问题的逻辑思路不清晰，不懂得科学的答题结构；情绪控制不好，过于紧张，多余动作太多；知识储备不足，表达常常出现卡壳等现象，说话时“东一榔头，西一棒槌”。

二重境界：“灰色”状态。在这一境界，考生要做到“山重水复疑无路，柳暗花明又一村”。考生储备了一定知识，但回答问题时对知识的运用不够灵活；掌握了一些经典语句，但使用不合时宜；情绪控制较好，但不能很好控场；语言表达较为流畅，逻辑思路较为清晰。

三重境界：“智者”状态。在这一境界，考生要做到“大鹏一日同风起，抟摇直上九万里”。考生具有丰富的知识储备，能够做到举一反三；情绪控制良好，能够灵活应对；语言表达流畅，逻辑思路清晰，掌握经典语句，回答问题行云流水；具有较高的政治站位，能够结合当今社会热点和时代背景科学回答；灵活掌握、运用理论知识，对面试问题能进行理论上的拔高。

结构化答题经典范式

结构化面试主要讲的是解决“怎么看”“怎么办”“怎么说”的问题，从哲学角度来讲，就是解决世界观和方法论的问题。公考面试强调不同类型的题目采取不同结构的答法。

一、综合分析题

（一）社会现象类

〔例〕**当前，一些单位中存在一批“我不会”干部：他们不仅不以为耻，反而常将“不会”挂在嘴边，理直气壮推诿卸责，导致干部作风涣散、政治生态恶化。对此，你怎么看？**

★思维范式：

1. 表明观点。（经典语句＋阐述现象＋表态）
2. 分析论证。（分析原因或影响因素）
3. 提出对策。（经典语句＋采取对策＋如何践行）

◎示范作答：

“躺平”不可取，“躺赢”不可能。在现实工作中，我们有时会看到“鞭打快牛”的现象，“我不会”干部所衍生的“逆淘汰”致使“快牛”很难有获得感，严重影响了单位工作人员的干事热情、激情。实质上，“我不会”是一种懒政怠政、党性观念不足、为民情怀不深的表现，是世界观、人生观、价值观坐标倾塌的折射。对此，我们要坚决杜绝此类现象的发生。

一代人有一代人的长征，一代人有一代人的担当。当前一些单位存在“得过且过的撞钟先生，滥竽充数的南郭先生，不高不低的差不多先生”，这些人直接表现为“躺平”。“我不会”之所以有市场，甚至成为歪风邪气，我认为，主要原因有三个：一是领导害怕得罪人。领导不论职责归属，随性把任务分给“老实人”去落实，久而久之，“老实人”如同“蜗牛驮大山”，很难有获得感。二是奖惩机制不健全。一些单位存在“干的干、看的看、看的给干的提意见，干多干少一个样、干与不干一个样、干好干坏一个样”现象，只会让“能干者”越来越不想干事。三是滥用问责仍存在。干得越多越容易出错，不干事者反倒不会被批评。这样一来，干事者受到问责，久而久之，则对工作失去热情、激情。

让实干者有奔头，让无为者有压力。针对“我不会”干部不担当、不作为现象，我们理应采取一些对策予以制止。一是树立正确导向。单位必须树立干事创业的正确导向，真正让能者上、庸者下、劣者汰，如此才能调动员工工作积极性。二是领导敢于“亮剑”。领导必须带头担当、有作为，敢于向无为者“亮剑”，奖勤罚懒，保护干部的干事积极性。三是完善奖惩机制。通过完善干部考核评价和激励制度，强化制度执行，让无为者没有机会“躺平”。

追风赶月莫停留，平芜尽处是春山。作为新时代的有为青年，我们要知责于心、担责于身、履责于行，在工作中干在实处、走在前列，营造“比学赶超”的浓厚氛围，真正比出压力、动力，赛出干劲、拼劲。

（二）观点类

〔例〕习近平总书记指出，江山就是人民，人民就是江山，打江山、守江山都是为了人民幸福，守的是人民的心。请谈谈你对这句话的理解。

★思维范式：

1. 表明观点。（经典语句＋阐述观点）
2. 分析论证。（理论分析＋政治站位＋史实论证＋时事论证）
3. 结合自身谈实践。（经典语句＋如何践行）

◎**示范作答：**

时代是出卷人，我们是答卷人，人民是阅卷人。习近平总书记提出的“江山就是人民，人民就是江山”，深刻体现了人民的历史主体地位，人民不仅是历史的创造者，还是真正的英雄；也体现了领导人的人民情怀和以人民为中心的发展思想。我们要深刻领会这句话，并在实际工作中努力遵循和践行。

正如题干所言，我们党的根基在人民、血脉在人民、力量在人民。我们党的最大政治优势是密切联系群众，党执政后的最大危险是脱离群众。对此，我有以下分析论述。

首先，从理论来看。马克思在《神圣家族》中指出：“历史活动是群众的事业，随着历史活动的深入，必将是群众队伍的扩大。”毛泽东在《论联合政府》报告中指出：“人民，只有人民，才是创造世界历史的动力。”恩格斯在《致约·布洛赫》中提出了著名的历史合力论：“历史是这样创造的：最终的结果总是从许多单个的意志的相互冲突中产生出来的，而其中每一个意志，又是由于许多特殊的生活条件，才成为它所成为的那样。这样就有无数互相交错的力量，有无数个力的平行四边形，由此就产生出一个合力，即历史结果。”

其次，从历史来看。我们党的百年历史就是一部党与人民心连心、同呼吸、共命运的历史。历史充分证明：江山就是人民，人民就是江山。大革命时期，30 多万牺牲的革命者绝大多数是跟随我们党闹革命的人民群众；土地革命时期，人民群众是我们党和军队的铜墙铁壁；抗日战争时期，发动群众，让日本侵略者陷入人民战争的汪洋大海；解放战争时期，淮海战役是小车推出来的、渡江战役是小船划出来的胜利；社会主义革命和建设时期，取得的成就是亿万人民创造的；改革开放时期的历史伟剧是亿万人民主演的。

最后，从主体来看。从焦裕禄“革命者要在困难面前逞英雄”，到廖俊波“认准的事，背着石头上山也要干”，再到黄文秀“用自己的力量为他人、为国家、为民族、为社会作出贡献”，时代条件不同，但为民服务的情怀一脉相承，担当作为的品质始终如一。

民之所忧，我必念之；民之所盼，我必行之。在今后的工作中，我将以“将心比心”的态度、“马上就办”的速度、“办就办好”的力度，用心、用情、用力解决好人民群众的急难愁盼问题，坚持与群众站在一起、想在一起、干在一起。常常到老百姓的炕头坐一坐，拉拉家常，也到老百姓的田间地头走一走，谈谈丰收。利民之事，丝发必兴；厉民之事，毫末必去。开展每一项工作，我们都要时刻把人民记在心上，扎扎实实解决好群众最关心、最直接、最现实的利益问题。

（三）哲理类

〔例〕习近平总书记提到“从善如登，从恶如崩”，请谈谈你的理解。

★思维范式：

1. 表明观点。（经典语句＋阐释哲理含义＋揭示道理）

2. 分析论证。（为何维持“善”很难＋为何选择“恶”容易）

3. 结合报考岗位谈如何践行。（经典语句＋从自身角度提出该如何去做）

◎示范作答：

小哲理蕴含大道理。“从善如登，从恶如崩”这句话出自《国语·周语下》。原意为：追随善如同登峰，很艰难；追随恶如同山崩，很容易。虽然从善很难，但有利于社会，应该坚持。将“善”比喻为攀登高山那样困难，说明想要积极“向上向善”，需要有坚持不懈的精神，并且要有朝着目标前进的毅力。将“恶”比喻为山崩那样容易，说明在权力与金钱等诱惑的驱使下，人很容易放弃从善，导致所有的努力在一瞬间瓦解。这就启示我们：守住内心底线不易，随波逐流、自我放弃瞬间就可完成。

勿以善小而不为，勿以恶小而为之。为善如负重登山，志虽已确，而力犹恐不及；为恶如乘马走坡，虽不鞭策，而足亦不能制。从善难，并非难在存善念，而是难在有善举；并非难在偶尔行善，而是难在持之以恒。毛泽东曾说："一个人做点好事并不难，难的是一辈子做好事，不做坏事。"要将"行善"由偶尔为之变成终身习惯，要将发奋"登高"由一时的热情变成人生的追求，绝对不是短期的修炼可以达成的。例如，宋朝的宰相秦桧，欺君误国，残害忠良，千百年来，世人无不厌恶其奸诈；精忠报国的岳飞，后世之人无不景仰其风范。

榜样是看得见的哲理，先进典型是鲜活的价值引领。在今后的工作中，我要向道德模范学习，积极向上向善，守住廉洁底线，存戒惧、严大德、守公德，做一个一尘不染、一心为公、一身正气的人。

（四）漫画类

〔例〕请谈一谈你对下边这幅漫画的理解。

★思维范式：

1. 看图说"画"。（经典语句＋描述漫画＋揭示道理）
2. 看图说"事"。（理论分析＋事实分析＋对策）
3. 看图说"理"。（理性升华）

◎示范作答：

漫画中有一个猎人手持着猎枪指着平衡木另一端愤怒的熊。这幅漫画启示我们：枪响之后没有赢家，人类终将与动物和谐共生。

吹灭别人的灯，并不会让自己更加光明；阻挡别人的路，也不会让自己行得更远。党的二十大报告强调，必须牢固树立和践行绿水青山就是金山银山的理念，站在人与自然和谐共生的高度谋划发展。恩格斯在《自然辩证法》中指出，“我们不要过分陶醉于我们人类对自然界的胜利，对于每一次这样的胜利，自然界都对我们进行报复”。

人类过度狩猎会使大自然生态失去平衡，进而导致自然灾害频发，动植物可能灭绝，生物链遭到破坏。生态失衡的最深层次原因是一些商家唯利是图，将动物毛皮进行贩卖。人类必须尊重自然、顺应自然、保护自然。我国近年来亦大力加强生态保护工作，例如，广东史上最严的全面禁食野生动物制度得到施行，河北塞罕坝林场里的一棵棵林木正在拔地而起，等等。

劝君莫打枝头鸟，子在巢中望母归。人与动物之间需要建立一种生态平衡。首先，完善《中华人民共和国野生动物保护法》，完善处罚标准，以震慑不法分子；其次，建立人类自我生活圈，规划自然保护区，守好人治底线，还原自然原貌，给动物以原生态的自由空间；最后，引导人们树立正确的消费观念，决不滥杀动物，还自然界一个平衡状态。

小漫画折射大道理。这幅漫画折射出的道理就是人与动物之间密切联系，应和谐共生。

（五）寓言故事类

〔例〕有一把坚实的大锁挂在铁门上，大铁杆和小钥匙都想开锁。大铁杆费了九牛二虎之力，还是无法将它撬开。而小钥匙轻轻一转，就打开了。大铁杆奇怪地问：“为什么我费了那么大力气都打不开，你却轻而易举地打

开了呢？”小钥匙说：“因为我了解锁的‘心’啊！”请谈谈这则故事带给你的启示。

★思维范式：

1. 阐释寓言故事并揭示道理。（经典语句＋解释寓言故事＋揭示道理）
2. 分析论证。（举例论证＋道理论证）
3. 践行道理。（经典语句＋如何践行）

◎示范作答：

小寓言折射大道理，小举措服务大民生。大铁杆费了九牛二虎之力，仍无法将大锁撬开，而小钥匙轻轻一转，就打开了这把大锁，说明小钥匙了解锁的“心”，这就启示我们：在工作中，要了解服务对象的诉求，采取针对性工作方法，这样才能真正解决群众的根本问题。大铁杆奇怪地问小钥匙：“为什么我费了那么大力气都打不开，你却轻而易举地打开了呢？”大铁杆在失败后能积极主动向小钥匙进行请教，了解自己失败的原因。这就告诉我们：在工作中要善于向别人学习。

民之所忧，我必念之；民之所盼，我必行之。党的二十大报告提出：要实现好、维护好、发展好最广大人民的根本利益，采取更多惠民生、暖民心举措，着力解决好人民群众急难愁盼问题。小钥匙能轻松打开锁，正是因为了解锁的“心”。我们再联系到政府实际工作中，其实就是政府在处理群众问题的时候，应该走到群众中去，问计于民、问需于民，躬身聆听群众直接诉求。唯有如此，我们为民办事才能更有针对性和实效性，才能赢得群众的理解、支持。比如“互联网＋政务服务”，政府推行这一政策其实就是为了解决群众急难愁盼问题，实现“数据多跑路，群众少跑腿”，提升群众办事便利度和满意度，最终得到群众的支持与认可，提升政府公信力。

利民之事，丝发必兴；厉民之事，毫末必去。我们在实际工作中要坚持具体问题具体分析。比如，设立“办不成事”窗口、涉企服务窗口、绿色通道等。对于群众提出的不同诉求，我们要用不同的方式方法去加以解决，该严格执法就严格执法，该解释劝导就解释劝导。根据群众的需求变化及时调整策略，采取灵活的工作方法，才能做到有的放矢，事半功倍。

（六）岗位认知类

〔例〕有人认为，人的发展空间受制于自身的“短板”，因而要集中精力补齐“短板”；也有人认为，人的发展空间取决于自身的“长板”，因而要最大限度发挥“长板”。请结合报考岗位及自身实际，谈谈应如何对待自身的“短板”与“长板”。

★思维范式：

1. 阐释报考岗位的职责与要求。（岗位意识清晰）

2. 依据岗位职责与要求，分析自身的“短板”与“长板”。（自我分析透彻）

3. 正确对待自身“短板”与“长板”，阐述具体措施。（联系实际切实可信，措施应得当）

◎示范作答：

骏马能历险，力田不如牛；坚车能载重，渡河不如舟。我所报考的岗位是公安机关警务技术职位，职位要求包括：具有较强的技术判断能力和决断能力，能够熟练运用有关的技术大纲、标准、规定和设备；掌握现代公安技术方面的知识，熟悉常用的交通通信设备和考勤设备等。此外，这一职位需要具备较强的自律性和组织能力，能够及时按要求完成警务设备安装、维修协调及使用；掌握计算机基础知识、网络维护和管理技能，能灵活使用常用办公软件及管理系统；具备较强的安全意识，能够有效防范和应对安全事件；具备较强的沟通、协调能力，善于分析处理问题，并能履行好工作职责。

补齐短板的著名理论就是“木桶理论”：一只水桶盛水的高度取决于其中最低的那块木板。因此，短板恰恰是发展的瓶颈。对于我所报考岗位的职责与要求来说，我的短板就是缺乏一定的工作经验，人际沟通与协调能力离工作职责与要求还有一定差距；但我的长板是掌握了一定的理论知识，拥有坚持不懈、持之以恒的拼搏精神等。

自知者英，自胜者雄。我们要善于发现自己的优点和缺点，做到扬长避短。工欲善其事，必先利其器。为此，我们要充分运用所学理论知识，不断提升业务能力，丰富工作经验；加强与同事间的沟通交流，积极向单位老同事“取经”，同时更好地发挥自身优势，让长板更长、短板不短。

二、人际关系矛盾处理题

（一）领导与同事之间的矛盾

〔例〕领导给你安排很多工作，但你没有在规定时间内完成，且完成部分质量不高，遭到了领导的批评。对此，你应该怎么办？

★思维范式：

1. 敢于面对，积极表态。（经典语句＋表态）
2. 表达歉意，承担责任。（歉意＋责任）
3. 自我反思，寻求对策。（反思＋对策）
4. 吸取教训，整改提升。（经典语句＋整改）

◎示范作答：

不能胜寸心，安能胜苍穹。领导将很多工作安排我去落实，这是对我能力的肯定与信任，我理应不折不扣完成领导交办的任务。但是我没有在规定时间内完成，且完成质量不高，遭到领导批评，辜负了领导对我的信任。面对上述情况，我会采取如下措施：

与人不求备，检身若不及。首先，我会向领导表达歉意，主动承担责任。起初，领导出于对我的认可与信任，将很多任务交给我去做，我却辜负了他的信任，为此，我很内疚并应向领导表示歉意，承认此次任务落实不力，是自己工作失误，主动承担起相应的主体责任。

见贤思齐焉，见不贤而内自省也。其次，我会反思自己的错误，积极寻找弥补的对策。分析此次任务完成不力，主要原因有三点：一是工作能力欠缺，工作经验缺乏，导致自己贻误工作时间，影响了工作质量；二是工作缺少规划，导致工作安排不科学，工作进度缺乏保障；三是与领导缺乏及时、有效沟通。对此我会及时调整心态，希望领导再给我一次机会，弥补失误。我会请示领导，并向老同事请教，及时掌握做新任务的方式方法，我也会建议领导调派几个人手协助工作。这样，我就会明确分工，使大家各司其职，及时跟进工作进度，把控工作质量，保质保量完成领导交代的各项任务。

反听之谓聪，内视之谓明，自胜之谓强。在今后的工作中，我会吸取此次工作的经验教训，多锻炼自己，利用业余时间加强学习并提升自己的工作业务能力。

（二）同事与同事之间的矛盾

〔例〕小李平时工作烦琐，很少出亮点；另一个同事负责重要工作，成绩瞩目。对此，小李很是消沉。如果你是小李，你会怎么办？

★思维范式：

1. 积极表态。（经典语句＋积极表态）
2. 自我反思。（进行反思）
3. 积极沟通。（与同事沟通＋与领导沟通）
4. 解决问题。（提高能力）
5. 整改提升。（经典语句＋整改）

◎示范作答：

见贤思齐焉，见不贤而内自省也。我的工作烦琐，很少出亮点，因此很消沉。如果一直萎靡不振、工作积极性不高，这不仅会影响我的工作质量，也不利于我个人成长。因此，我将积极调整心态，加强与同事的沟通，向同事学习，提高自己的工作能力，争取更好成绩。为此，我会这样去做：

与人不求备，检身若不及。首先，我会自我反思。尽快平复自己的情绪，意识到工作无轻重之分，小事情也要严谨对待。我的工作烦琐，更需认真对待，方能不出错。要正确对待同事取得好成绩这件事，虚心向他学习，争取更大进步，而不是过度消沉、怨天尤人。

见善如不及，见不善如探汤。其次，我会加强沟通、学习。同事在工作中扮演重要角色，成绩瞩目，一定有过人之处，我要加强与同事的沟通交流，学习他的长处来提升自己。在同事工作出现问题、遇到难题时，主动帮助落实，这样就能获得学习机会，争取更大进步空间。经常与领导沟通，向领导请教，交换想法，及时发现自己工作上的不足，最终使自己的能力得到领导认可。

吾日三省吾身。最后，我会提高自身的综合能力。我要加强自身学习，提高工作能力。从烦琐的工作中找出规律，简化流程，或通过智能化办公手段，提高办事效率，将复杂问题简单化。这样既可以及时完成工作任务，也可以将科学方法、经验向同事们推广，进而提高单位整体效率，小事情也能干出大成绩。

不能胜寸心，安能胜苍穹。遇到同事比自己优秀、比自己更得到领导赏识的情况，我要学会自我反思，努力将工作出色完成，不断提升自己的工作能力，这样当工作重任落在自己身上时，才不至于手足无措。

（三）同事与群众之间的矛盾

〔例〕**你是办事大厅的工作人员，某天临近中午下班，还有大批群众排队等待办理业务。但单位食堂12点就关门，你赶着吃饭，于是在办理业务时表现得比较着急，这引起了群众的不满。此时，请问你会怎么处理？**

★思维范式：

1. 职责及表态。（经典语句＋职责＋表态）
2. 安抚情绪。（道歉＋保证）
3. 解决问题。（按照轻重缓急处理问题）
4. 整改提升。（经典语句＋整改）

◎示范作答：

办好人民群众牵肠挂肚的民生大事，做好人民群众天天有感的关键小事，是我们政府工作人员对人民群众的庄严承诺。作为办事大厅的工作人员，为群众服务、让群众满意是我们的工作职责所在。对于当前存在的问题，我会立刻向群众道歉，主动承认错误。具体来说，我会采取以下几个方面的措施：

首先，安抚群众激动情绪。我在办理业务时表现得比较急躁，引起群众的反感，我会向群众道歉并及时改正。虽然延误就餐会对自己产生影响，但这并不是我消极怠工的理由。我会调整好自己的心态，向群众解释，得到办事群众的理解。同时告知办事群众耐心等待，我会逐个进行办理。

其次，根据实际情况处理。作为办事大厅工作人员，为群众办理业务是我们的职责所在。因此，即使食堂12点关门，我也不应该停止办理业务而去就餐。我会立刻联系同事，看同事能否替岗，确保群众正常办理业务。如果仍有许多人在等待办理业务，我会劝导群众不要着急，承诺上午排队的群众一定都能办理完业务。接下来，我会仔细帮助群众办理好他们所要办理的业务。

一切为民者，则民向往之。通过这件事，我认识到作为公职人员，必须以人民群众为中心，只有努力提升自己的服务态度、业务能力，才能提升人民群众对政府的满意度和公信力，才能让人民群众有获得感、幸福感。

三、应急处突题

〔例〕据传，某市一家企业排放废水污染了水源，遭到居民投诉，引起网友广泛谈论。面对这种情况，领导让你处理，你会采取哪些措施？

★思维范式：

1. 目的、原则。（经典语句＋目的＋原则）
2. 及时回应。（及时回应＋承诺）
3. 解决问题。（具体措施）
4. 整改提升。（经典语句＋建章立制）

◎示范作答：

祸患常积于忽微，而智勇多困于所溺。在落实政府工作过程中，我们不仅要优化企业营商环境，还要对我们所在辖区的企业和居民负责。面对突如其来的网络舆情，领导安排我负责处理此事，充分体现了领导对我的信任与肯定，我会本着轻重缓急和公平、公正的原则及时解决。

首先，回应关切，发表声明。接到领导指令后，我会第一时间在网络上发布公告，告知网友：相关企业的污水排放问题已经知晓，会立即介入调查；不要在网上随意转发，承诺会调查处理，请耐心等候处理结果。

其次，全面调查，获取信息。通过电话沟通、实地查看等方式向居民了解污水排放企业的相关信息，如排放区域、排污时间以及居民区与工厂之间的距离，做好详细记录，承诺及时处理解决，并询问居民是否需要备用水源。再通过明察暗访方式调查企业污水排放情况：一方面根据居民反映情况赴排污区域现场查看水质情况，做好水质取样，并现场拍照留存；另一方面突击检查相关企业，找到具体负责人了解污水排放情况，查看污水排放相关设备，以及检查企业相关手续是否齐全，做好登记。

最后，抓紧整改，进行回应。我会尽快将获取水样送到水质监测机关进行监测，若水质监测不达标，则会对企业进行问责并下令限期整改，并在网络上对居民进行公示回应。若水质达标，则会在网络上发表一则辟谣声明，将合格水质监测报告告知广大网民，并要求网民不造谣、不信谣、不传谣，感谢群众监督，日后会继续加强对企业的监督管理。

禁微则易，救末者难。在今后的工作中，我们会吸收经验，改进工作方式方法，积极建章立制。做到：①加强对企业的法治宣传教育，提高其法治意识，如加强对《中华人民共和国环境保护法》的宣传等。②对辖区企业进行不定期突击检查。发现不合格企业立即责令整改，加强对企业的监督管理。③拓宽民众反馈渠道，如设立民意征集簿、投诉热线、专门邮箱等。④建立定期督查检查制度，以制度的硬约束确保居民饮用水安全。

四、计划组织题

（一）调研类

〔例〕近年来，通过 App、微信公众号和小程序等平台办理业务已成为

大势所趋，新冠疫情的发生更催生了公众对于线上办理业务的需求。但是有不少群众反映你单位的一些政务服务线上办理比窗口办理更费时间、更麻烦。对于这一问题，领导让你负责进行调研，你准备怎么开展？

★思维范式：

1. 目的、意义。（经典语句＋目的、意义）
2. 开展调研。（调研内容＋调研对象＋调研方法）
3. 总结提升。（经典语句＋总结）

◎示范作答：

优化服务无止境，改进服务无终点。“互联网＋政务服务”是深化“放管服”改革的重要举措，能够“让数据多跑路、让群众少跑腿”，降低群众办理业务的时间等成本，但是群众认为更费时、更麻烦等诸多问题亦不鲜见。因此，我们必须做好问题调研工作，做到“四下基层”，及时发现问题根源，从而更好发挥“互联网＋政务服务”的服务效果，提升单位影响力。

领导安排我去调研，这是对我能力的充分肯定，我会扑下身子奔着问题去、主动作为对着问题改、走深走实见行更见效，实现解决一个问题，推动一类问题的解决。

凡事预则立，不预则废。调研前我会制定调研方案，包括调研对象、调研方法、调研内容、调研时间等，并报领导审阅同意后尽快组织实施。多在实效上用功，少在形式上费劲。

在调研中，我主要做到：

首先，调研内容要广泛。包括：①单位推广使用的 App、微信公众号、小程序等平台的种类、名称和业务种类、程序等；②平台办理业务的工作人员数量、能力、态度等；③平台维护制度、维护时间等信息；④群众对平台的熟悉程度，线上业务种类、线上办理业务的具体困难，以及工作人员、技术人员对于线上办理平台的看法等。

其次，调研对象要精准。包括：市民，单位负责办理平台业务的工作人员，“互联网＋政务服务”各平台负责人、技术人员等。

最后，调研方式要科学。包括：①对广大市民采用线上问卷调查，在单位办事大厅随机走访办事群众；②对工作人员以及技术人员进行面对面访谈、召开座谈会等，了解大家的想法；③对单位当中“互联网＋政务服务”的负责人可以进行电话问询或通过座谈来了解办理情况；④对“互联网＋政务服务”所涉及的各平台采取“走流程”方式，亲身体验办事流程。

调研过程如“十月怀胎”，调研结果如“一朝分娩”。调研结束后，我会整理所有信息，对“互联网＋政务服务”所涉及各个平台当中存在的问题、多方的建议意见进行梳理，汇总成可行性调研报告供领导参考决策，也为进一步优化“互联网＋政务服务”工作提供参考借鉴。同时，将调研活动开展情况在单位网站进行宣传报道，提升单位影响力。

（二）会议类

〔例〕**单位要组织召开一次大型会议，领导安排你来负责，你如何组织？**

★思维范式：

1. 目的、意义。（经典语句＋目的、意义）
2. 会前准备。（制定方案＋会议通知＋会议保障）
3. 召开会议。（材料＋议程＋讲话＋讨论＋预案等）
4. 会后落实。（经典语句＋总结＋监督落实）

◎示范作答：

为者常成，行者常至。单位组织召开会议，目的就是更好地推进工作的有效落实。领导安排我组织会议，是对我能力的充分肯定与认可，我绝不辜负领导对我的信任。对此，我们将从以下方面开展工作：

凡事预则立，不预则废。首先，在会前吃透会议精神，制定会议方案，包括会议举行的地点、时间、参加人员等。下发会议通知，做好会议筹备，包括需要分发的文字材料、会场布置、应急预案、会议服务保障人员的安排等。如果有外地人员来参会，要安排好住宿、就餐等。

其次，会议举行前要清点到会人数，分发材料，宣布会场纪律、议程，介绍到会领导等。会议开始后，领导做动员讲话，宣讲会议内容及有关会议精神。

再次，对会议进行总结，内容包括：总结会议组织情况、不足之处，落实会议精神要求，等等。

路虽远，行则将至；事虽难，做则必成。最后，加强会后的监督和落实。我们绝不是为了开会而开会，落实到位才是会议的目的。所以必须加强会后监督，收集、汇总会议精神贯彻情况，没有达到要求的应督促其落实，并发布会议通报。

（三）宣传类

〔例〕当前，餐饮浪费现象非常严重，为了从小培养珍惜粮食、反对浪费的习惯，领导让你到学校里开展一次宣传活动，你会如何开展？

★思维范式：

1. 明确目的、意义。（经典语句＋目的、意义＋表态）
2. 沟通与对接。（沟通与对接）
3. 开展宣传活动。（组织宣传）
4. 总结提升。（经典语句＋总结提升）

◎示范作答：

一粥一饭，当思来处不易；半丝半缕，恒念物力维艰。珍惜粮食、反对浪费是中华民族几千年的传统美德。我们要从小养成珍惜粮食、反对浪费的好习惯。领导安排我到学校开展此项活动，体现了领导对我能力的肯定与认可，我会全力以赴开展好此次宣传工作。

凡事预则立，不预则废。开展活动前，我会与校方取得联系，选择学生们喜闻乐见、容易接受的方式进行宣传，沟通、对接活动的主题、时间、地点、参加人员、活动预案、宣传品及制作宣传栏等，确保活动取得实效。

谋长远之势，行长久之策，建久安之基。在与校方沟通对接后，明确开展以下工作：

第一，加强节约宣传。可以依托学校食堂等来做好宣传工作，比如在食堂门口挂上“粒米虽小犹不易，莫把辛苦当儿戏”宣传语，也可以在墙上通过一些卡通动漫人物说出“你今天光盘了吗？”，用学生们喜闻乐见的方式进行宣传。

第二，改变不良习惯。在每个班级里，倡导健康的饮食习惯，大力开展“光盘行动”，形成节约粮食的好风气和节约意识。

第三，班会签订承诺书。组织开展一次主题班会，请学生们签署承诺书，做“杜绝餐饮浪费”的宣传员，共同营造“节约粮食、人人有责”的良好氛围，遏制“舌尖上的浪费”。

一个行动胜过一打纲领。通过人人可参与的多种方式开展一系列活动，节约理念一定能够入脑、入心、入行。

（四）评奖类

〔例〕单位组织以“发扬和传承红色精神”为主题的微视频大赛，领导让你负责此次大赛的评奖，你将怎么做？

★思维范式：

1. 目的、意义。（经典语句＋目的、意义）

2. 评奖程序。（组建队伍＋筛选评选＋公示＋颁奖）

3. 总结提升。（经典语句＋总结提升）

◎示范作答：

弘扬时代精神，赓续红色基因。组织此次微视频大赛，学习党的发展历程将有助于提升单位工作人员的凝聚力和向心力，发扬和传承伟大红色精神，引导我们树立良好的工作作风。

不能胜寸心，安能胜苍穹。领导让我负责此次微视频大赛的评奖活动是对我的充分认可与肯定，我会认真组织好活动，为此，我将从以下几个方面开展工作：

第一，组建工作团队。我会参照历年的评奖经验、做法，向单位老同志虚心请教学习。

第二，进行初步筛选。我会科学设置比赛规则，把弘扬正能量、积极向上向善的作品登载到微信评选小程序上，明确评选标准、条件。

第三，监督评选过程。我会组织投票，每人每日设一次投票机会，严格监督投票过程，避免出现恶意刷票等现象，投票结束后对票数进行统计，评选出一等奖 1 名、二等奖 2 名、三等奖 3 名。

第四，公示获奖名单。我会及时在官网上公示获奖人员名单，公示期间如遇群众举报，就要调查核实，若违规，则取消其评选资格并追究其相应责任。

第五，举办颁奖晚会。我会组织颁奖晚会，给予获奖人相应奖励，如颁发证书，并组织观看文艺演出等。同时将获奖作品发布到单位网站，组织单位职工观摩学习，达到激发教育广大职工向上向善的目的。

与人不求备，检身若不及。我会将评选活动的整个情况形成总结报告向领导详细汇报，以期为后续类似工作提供参考借鉴。

（五）接待类

〔例〕你们单位开展的“接诉即办”活动取得了很好效果，兄弟单位要来参观学习。领导安排你负责接待。请问你会怎么组织？

★思维范式：

1. 沟通交流。（经典语句＋沟通交流）
2. 制定接待方案。（接待方案）
3. 进行接待。（带领参观＋座谈）
4. 送别及总结。（送别＋总结）

◎示范作答：

不要人夸好颜色，只留清气满乾坤。单位开展“接诉即办”活动，能够加强政府与群众的密切联系，强化政府的责任感和服务意识，促进社会和谐。对于兄弟单位来参观学习，领导安排我来接待，这是领导对我的认可与肯定，我会尽力做好组织接待工作。为此，我将从以下几个方面开展工作：

凡事预则立，不预则废。首先，我会与兄弟单位进行及时沟通。通过微信、电话等联系方式询问来访的人数、姓名、性别、到达日期、接站地点、入住事宜等，尤其关注民族、宗教信仰、生活禁忌等方面，做到服务细致入微。

其次，我会科学制定接待方案，如食宿安排、活动物品与资料、车辆接送、返程方式、宾馆标准等，严格按照中央八项规定进行落实。

再次，我会做好接待来访。接到人员以后，发放活动日程表、相关注意事项等具体活动方案；安排就餐；在带领参观、组织座谈的过程中做好引导、接送；处理突发状况等。

最后，送别前，组织相关人员进行合影留念，送别来访者。动态跟踪返程信息，确保对方安全到达。做好接待工作总结，汇报领导。

五、演讲口才题

（一）即兴演讲类

〔例〕公园一角，有一个坐着轮椅的残疾小女孩，用手娴熟地舞动着一条彩带，她欢快的笑声吸引周围游客驻足观看……当你看到这一情景时，有何感想？请做一段即兴演讲。

★思维范式：

1. “凤头”。（开门见山：给定题目或自拟题目＋分析论证＋呼吁号召，开场白运用排比句和反问句）

2. “猪肚”。（情节：痛心扎心，泪点显真诚，笑点＋举例论证他人或个人故事 / 道理论证）

3. “豹尾”。（经典语句＋呼吁号召＋结合自身实际）（结合自己人生及生活感悟，围绕身残志坚、积极乐观、美好生活、和谐社会等进行演讲）

◎示范作答：

各位考官：

今天我演讲的题目是“折翼的天使最美丽”。

青春由磨砺而出彩，人生因奋斗而升华。正如题中所描述的坐着轮椅的小女孩，她虽身体残疾，却依然笑对人生，她所展现的励志行为让每个人都为之动容。作为新时代的一员，我们生逢盛世，还有什么理由不去乐观面对现实生活？还有什么理由不去用激情专注做好自己的事情？还有什么理由不去向社会传递人间大爱？让我们一起在面对困难和挫折时，积极乐观地面对生活吧！让我们一起为这个折翼的小天使点赞！

人生就像大海，只有遇见岩石才能撞击出美丽的浪花。一个人如此，如瘫痪的张海迪，她身残志坚，演绎着不凡的人生。一个国家亦如此，中国共产党虽在百年发展历程中经历许多磨难，但依然风华正茂。这个小女孩顽强的斗志、绽放的笑容和不懈的精神可圈可点、可学可及。我们要向身残志坚者学习乐观向上的精神，传递社会正能量、弘扬时代主旋律；要向身残志坚者学习身体力行的优秀品质，用初心践行使命，对待工作“一分部署九分落实”，坚持“一张蓝图绘到底”，实干为要、久久为功。

征途漫漫，惟有奋斗。新时代的我们要有理想、有本领、有担当。愿我们以“不破楼兰终不还”的坚定决心和“不待扬鞭自奋蹄”的主动作为努力做好本职工作。愿我们在人生发展过程中不负时代、不负韶华，真正让青春在祖国最需要的地方和基层的火热实践中绽放绚丽之花。愿我们历尽千帆，初心不改！

各位考官，我的演讲完毕！谢谢！

（二）开场白类

〔例〕社区意外走红，成为网红打卡地，但出现了脏乱差的问题。假如邀请游客和社区代表组织一次座谈会，你作为社区负责人，现场模拟一段开场白。

★思维范式：

1. 开头。（称呼＋介绍自己的身份＋欢迎）

2. 正文。（初衷＋重要性＋现状：成绩或问题）

3. 结尾。（提示进入下一个环节）

◎**示范作答：**

尊敬的各位游客和社区代表：

大家好！我是社区负责人小李。非常高兴邀请大家欢聚一堂，请大家集思广益，将我们的社区打造得更加宜居、更加和美。现在，让我们以热烈的掌声欢迎各位的到来。

珍爱青山绿水，方有“诗与远方”。社区是我们居住、生活的场所，是我们共同的家园，创建整洁、有序、优美的社区环境是我们共同的心愿。社区环境直接关系着居民的起居生活，直接体现着社区的自治能力和社区的文明程度。当下，我们社区已经成为网红打卡地，存在游客乱扔垃圾的现象，导致社区出现脏乱差的问题。对此现象的发生，我们必须高度重视。

接下来，进入座谈会发言环节，请大家积极建言献策。

谢谢各位考官，我的模拟完毕！

（三）现场模拟类

〔例〕**一位大爷被老旧小区的电梯困住，出来后怀疑电梯质量有问题，要求财政公示赔偿，其间多次上访无果，你是工作人员会怎么处理？请现场模拟。**

★**思维范式：**

1. 场景设置。（具体场景）
2. 身份、来意。（介绍身份＋沟通目的）
3. 沟通内容。（感情＋摆道理＋利益＋法律）
4. 自然淡出。（后续处理＋礼貌淡出）

◎**示范作答：**

各位考官，下面开始模拟，我设置的场景在我们单位的办公场所。大爷您好！我是咱们小区的物业管理人员小周。

今天天气那么冷，您咋那么早就过来了？您别着急，先喝杯水，坐下来慢慢说您遇到的情况。其实您那么大年纪，走路不便，可以直接打电话反映情况，不必亲自过来。我知道您之前被困在电梯里，这确实挺吓人的，前不久我也遇到过被电梯困住的情形，当时我吓得不得了，所以我理解您的心情。

对于您所反映的这件事，我会高度重视并向领导汇报，建议领导尽快成立问题调查小组，请您放心。被困在电梯里本身就不是小事，换成谁都会惊慌，之前我们多次定期维修了电梯，这次又出现故障，我们要以此为教训进行整改，立即联系电梯厂家和质监部门分别派技术人员去做质检。大爷，您多次上访反映情况，要求财政赔偿，我们会按照财政部门规定如实处理，还请您老人家耐心等待。

您给我们反映的这件事值得我们引起警惕，鉴于您热心为群众提出建议、意见，我们准备推荐您参加评选“十佳好市民”活动。

大爷，等调查结果出来后，我们会尽快把维修情况告诉您。如果存在质量问题，我们会依法追责问责，严肃处理；如果是因为维护不及时，我们会督促社区、小区做好维护维修工作，请您一定放心。

其实您也是督促我们改进工作，我们后续会将处理结果发布在单位官网和小区、社区公示公告栏上，您把联系方式给我留一下，我到时给您打电话说一下调查处理结果。大爷，那我们就这样说定了，您先坐下来喝点水，我还要处理一下业务，稍等一会儿我送您下楼回家。

（四）情景感想类

〔例〕你去参观中国共产党历史展览馆，一张张照片、一段段故事，党的百年历史令人振奋……参观结束之后，你在留言板上留下自己的感想，你会怎么写？

★思维范式：

1. 引用材料内容。（经典语句＋讲述题干内容）

2. 感悟。（谈谈自己的感悟）

3. 联系实际。（结合自身，联系实际）

◎示范作答：

一寸山河一寸血，一抔热土一抔魂。此次参观意义非凡，那一件件实物模型、一段段生动视频、一幅幅图片图表，充分展现了不同历史时期中国共产党和人民的不凡历程，无时无刻不在感动着我、激励着我。

回望“来时路”，雄关漫道真如铁。我看到一封家书，家书里写着“红色政权为什么能够存在”，让我坚信“没有共产党，就没有新中国”；我看到一艘红船，这艘红船承载着国家的前途、民族的希望和人民的命运，让我感悟到党的根基在人民、血脉在人民、力量在人民；我看到“半条被子”的故事，这是军民鱼水情的生动诠释，代表的是党和人民勠力同心、同甘共苦，体现党和人民亲如一家的血肉联系。

走好“脚下路”，人间正道是沧桑。我看到一张张写满时代优异成绩的答卷，这背后是无数个像黄文秀、张桂梅、钟南山这样的楷模，体现共产党人的初心使命、谱写新时代的壮美赞歌。平凡铸就伟大，英雄来自人民，我看到火神山、雷神山医院的场景，这一刻我感动于“没有从天而降的英雄，只有挺身而出的凡人”。他们是白衣天使，逆行而上，用平凡创造不凡。

展望“未来路”，直挂云帆济沧海。我看到神舟十二号载人飞船搭载的五星红旗，让我不禁感动于航天工作者爱党爱国的赤子情怀；我看到“嫦娥”揽月、“祝融”探火、“北斗”指路，真正实现了“可上九天揽月，可下五洋捉鳖”的梦想，让我们离星辰大海的梦想更近一步；我看到冬奥会的吉祥物“冰墩墩”“雪容融”，让我不禁感悟“一起向未来”的拼搏精神。

当下的中国，山河锦绣、国泰民安，这盛世正如我们所愿！

人生万事须自为，跬步江山即寥廓。今天，我会将看到的英雄故事和历史事迹转化为动力，内化于心、外化于行，真正诠释“清澈的爱，只为中国”。

（五）串词讲故事类

〔例〕**列车、草原、妈妈，将以上词语用一段话连接起来，顺序不限。**

★思维范式：

1. 明确中心主题。（环境描写多一点，人物心理多一点，冲突转折多一点，时代背景多一点）

2. 确定选词。（固定词组或多选词组）

3. 内容设置。（时间、地点、人物；起因、经过、结果；正能量、有情节）

◎示范作答：

人类从一开始发出的最美好的语言是什么呢？那就是最伟大的“妈妈”。在蒙古语里，妈妈又作“额吉”。

时间回溯到20世纪60年代初，一场无情的自然灾害席卷了南方大地。在周恩来总理的亲自关怀下，3000名孤儿坐着列车，从美丽的黄浦江畔来到广阔的内蒙古大草原，这里成为这些孤儿的第二故乡。那时，19岁的都贵玛是草原的一名保育员，她没有结婚，也没有孩子，却收养了28名孤儿。从喂饭、喂奶、换尿布到教孩子们学走路等，都贵玛用爱呵护这些孩子的茁壮成长。孩子们刚来草原时很不适应，想家、想妈妈，都贵玛彻夜用草原的摇篮曲呵护他们进入梦乡。在她的悉心照料下，28个孩子在那样艰难的条件下存活下来，并且茁壮成长。都贵玛最开心的事情就是听孩子们叫她一声“额吉”，这让她体会到了做母亲的快乐。

收养一个孤儿叫善良，收养一群孤儿是民族的大爱。这些“国家的孩子”和草原的“额吉”实现了超越民族、超越地域的“双向奔赴”，让我们体会到了“像石榴籽一样紧紧抱在一起”的56个民族一家亲的温暖。同时我们也深刻感受到，在灾难面前，中华儿女挺膺担当、相互扶持的民族大爱。

（六）座谈会发言类

〔例〕**单位推进数字化改革，但老同事有畏难情绪，不愿意参与。作为新员工，请你在单位周会上发言，劝他们积极参与。**

★思维范式：

1. 开头。（称呼＋介绍自己的身份＋引入话题）
2. 正文。（经典语句＋背景＋重要性）
3. 结尾。（经典语句＋呼吁号召）

◎示范作答：

尊敬的各位领导、同事：

大家好！作为单位的一名新员工，我很高兴在这里与大家一起分享关于数字化改革的热点话题。

万物互联，催生社会蝶变。当前，我们正处于数字化时代，数字化技术已经渗入我们日常生活和工作的方方面面。习近平总书记明确提出要大规模推进“数字政府建设”，可见，数字化改革已经是我们的重要任务，也是深化“放管服”改革的必然要求，我们需要积极参与，全力以赴，才能共同推动数字化改革走深走实。然而，目前我了解到一些老同事因为不懂数字化技术而产生畏难情绪，不愿参与数字化改革。我觉得这是可以理解的，毕竟改革必然伴随着一些困难和挑战。但是，社会的发展与进步倒逼着我们必须进行改革，我们不能因畏难而放弃改革，而应积极主动迎接挑战，努力克服困难。

首先，我们需要了解数字化改革的必要性。推动数字化建设，可以提高我们单位的工作效率和服务质量。数字化技术可以帮助我们更好地管理信息、快速处理数据、便捷沟通用户。通过数字化改革，我们可以更好地满足用户需求，提高用户满意度，增强单位竞争力。

其次，我们需要掌握数字化技术的应用操作。数字化技术应用广泛，如区块链、VR、物联网等。我们需要了解这些技术的基本原理、基本应用和操作方法。同时，我们要学会使用数字化软件，例如数据模型等。只有这样，我们才能更好地参与数字化改革，为单位发展献出一份力。

夜色难免凄凉，前行必有曙光。最后，数字化改革是一项长久的任务，我们需要绵绵用力、久久为功，积极参与和努力推进。我们应该立即行动起来，不断学习和探索，提高技能和水平，为数字化改革贡献力量。同时，我们要形成工作合力，共同推进数字化改革的进程，老同事需要我帮忙的，我会随叫随到。

路虽远，行则将至；事虽难，做则必成。相信在大家的共同努力下，我们一定能完成单位数字化改革任务。谢谢大家！

第四部分

社会热点专题解析

一、作风建设

● 社会上有种说法：有的机关干部“不给好处不办事，给了好处乱办事”。对于这种现象，你怎么看？

开弓没有回头箭，反腐没有休止符。习近平总书记指出：“改进工作作风的任务非常繁重，八项规定是一个切入口和动员令。”当下，依然存在少数机关干部利用手中权力“吃拿卡要”现象，这不仅严重破坏了地方发展的营商环境，还抹黑了党和政府形象。如果这种现象得不到有效遏制，后果将会不堪设想。对此，我们必须重拳出击，坚决杜绝这一社会现象的发生。

锄一害而众苗成，刑一恶而万民悦。我认为“不给好处不办事，给了好处乱办事”这种现象的产生有其更为复杂的原因：

1. 物质利益的诱惑。当前，少数机关干部受物质利益的诱惑，背离了自己的理想、信念和为人民服务的根本宗旨，在自己的岗位上以权谋私，一切“向钱看”，导致自我迷失方向，陷入金钱“拜物教”的怪圈，这些值得深刻反思。

2. 制度建设的缺失。“牛栏关猫”反映出制度的缺陷，一些机关单位的制度还没有建立健全，存在一些盲区，给少数人提供了谋取私利的机会。

3. 监督管理的缺位。少数机关单位内部管理的监督检查机制不完善，致使某些腐败问题得不到及时处理，从而产生了一些极坏影响，必须以严的主基调将监管落实到位。

把笼子扎得紧一点，严防“牛栏关猫”。党和政府已经高度认识到这种现象的危害，担当起“得罪千百人，不负十四亿”的使命，一刻不停将全面从严治党向纵深推进。打铁必须自身硬，通过加强思想教育、强化管理和完善机制等多种措施来制止和杜绝这种现象的蔓延，反腐倡廉已取得阶段性成果。从善如登，从恶如崩。这种现象毕竟是少数而不是多数、是局部而不是全部、是支流而不是主流，因此我们相信在不久的将来，这种现象一定会得到有效控制。

风清则气正，气正则心齐，心齐则事成。作为一个即将走上工作岗位的人，我们要知敬畏、守底线、存戒惧，真正做到在物质利益面前经得住诱惑、守得住清贫、稳得住心神，争取做一个政治强、业务精、作风正的岗位能手。

★日积月累

1. 锄一害而众苗成，刑一恶而万民悦。
2. 把笼子扎得紧一点，严防“牛栏关猫”。
3. 风清则气正，气正则心齐，心齐则事成。
4. 从善如登，从恶如崩。

二、勤俭节约

● 近日，领导人对制止餐饮浪费行为作出重要指示，强调要加强立法，强化监管，进一步加强宣传教育，在全社会营造浪费可耻、节约为荣氛围。对此，你怎么看?

仓廪实而知礼节，衣食足而知荣辱。习近平总书记提出：“要提倡艰苦奋斗、勤俭节约，坚决反对铺张浪费，在全社会营造浪费可耻、节约光荣的浓厚氛围。”珍惜粮食、厉行节约不仅是中华民族的传统美德，也是餐饮行业高质量发展的必然要求。为此，我们必须营造节约光荣、浪费可耻的良好氛围，杜绝浪费现象的发生。

历览前贤国与家，成由勤俭破由奢。倡导“浪费可耻、节约光荣”，有助于进一步弘扬中华民族勤俭节约的传统美德。而目前社会仍存在以下问题：

1. 餐饮浪费现象仍然存在。群众反映强烈的公款餐饮浪费行为及地方餐饮浪费行为时有发生，大操大办现象屡见不鲜。

2. 粮食安全重视程度不够。粮食安全是“国之大者”，始终是民生保障的最根本问题。我国粮食产需须维持平衡态势，确保国家粮食安全这根弦一刻也不能放松。

3. 传统美德弘扬力度不够。随着人们生活条件的改善，一些人丢掉了节约的初心，将传统美德抛诸脑后。

取之有度、用之有节则裕，取之无制、用之不节则乏。当下，制止餐饮浪费行为势在必行，必须具体落实。如《中华人民共和国反食品浪费法》的出台就是针对食品浪费的一剂良药。

为此，我们应当做到以下几点：

1. 健全监管机制。将“文明餐桌”活动与餐饮监管相结合，量化考核；建立健全节约用餐制度；提倡食堂采取自助餐模式。

2. 加强宣传教育。借助“世界粮食日”和“全国粮食安全宣传周”等活动，营造“爱惜粮食光荣、浪费粮食可耻”的浓厚氛围；党政机关要把加强厉行节约、反对浪费教育纳入作风建设的重要内容；学校教育要从娃娃抓起，让学生养成节约粮食的好习惯。

3. 保障粮食安全。粮食安全是“国之大者”。“2024 年中央一号文件”要求我们必须树立大农业观、大食物观。因此，我们必须把饭碗牢牢端在自己手里。

一粥一饭当思来之不易，半丝半缕恒念物力维艰。我们每个人都应立刻行动起来，采取“光盘行动”，拒绝“舌尖上的浪费”，牢固树立“勤俭节约光荣、铺张浪费可耻”的意识，理性消费，按需点餐，健康饮食，并且积极向身边人宣传节约粮食的好做法，争做“节约粮食、拒绝浪费”的践行者、宣传者、推动者。

★日积月累

1. 历览前贤国与家，成由勤俭破由奢。
2. 仓廪实而知礼节，衣食足而知荣辱。
3. 一粥一饭当思来之不易，半丝半缕恒念物力维艰。
4. 俭则约，约则百善俱兴；侈则肆，肆则百恶俱纵。
5. 取之有度、用之有节则裕，取之无制、用之不节则乏。

三、实践笃行

● 领导人指出“物有甘苦，尝之者识；道有夷险，履之者知”，你如何理解？

“物有甘苦，尝之者识；道有夷险，履之者知”，这句话出自明代刘基的《拟连珠》，大意是事物是甜还是苦，只有尝试过的人才会知道；道路是平坦还是坎坷，只有自己走过才会明白。这句名言饱含了实践认识论的哲学智慧，阐述了一个深刻道理：做任何事情都要亲身去实践。

知之愈明，则行之愈笃；行之愈笃，则知之益明。习近平总书记在2014年省部级主要领导干部学习贯彻党的十八届三中全会精神，全面深化改革专题研讨班上的讲话中引用这句古话，具有重要的现实意义。

纸上得来终觉浅，绝知此事要躬行。马克思在《关于费尔巴哈的提纲》中提出“哲学家们只是用不同的方式解释世界，问题在于改变世界”。毛泽东在《实践论》中，将马克思主义辩证唯物论的哲学精神与中国传统实践哲学有机结合，在更高层次上归纳提出：“实践、认识、再实践、再认识，这种形式，循环往复以至无穷，而实践和认识之每一循环的内容，都比较地进到了高一级的程度。这就是辩证唯物论的全部认识论，这就是辩证唯物论的知行统一观。”

这是克服形式主义、官僚主义的一剂良药。目前，我国改革已进入攻坚期和深水区，一段时间以来，一些人坐在办公室里“闭门造车”，没有做到“深、实、细、准、效”，不深入基层，调查研究走马观花，做“盆景式”调研等，严重影响干群关系及党与政府形象。

不登高山，不知天之高也；不临深溪，不知地之厚也。脚踏实地才能行稳致远，脚踏实地方能百炼成钢。为此，我们要转变工作观念、工作作风，采取“四下基层”调研方式，真抓实干，不尚虚功，克服学习、工作、生活中遇到的困难，争做一名想干事、能干事、干成事、不出事的合格工作人员。

★日积月累

1. 物有甘苦，尝之者识；道有夷险，履之者知。
2. 纸上得来终觉浅，绝知此事要躬行。
3. 知之愈明，则行之愈笃；行之愈笃，则知之益明。
4. 哲学家们只是用不同的方式解释世界，而问题在于改变世界。
5. 不闻不若闻之，闻之不若见之，见之不若知之，知之不若行之。
6. 不登高山，不知天之高也；不临深溪，不知地之厚也。

四、政务服务

● 为解决企业和居民“上班没空办、下班没处办”的难题，某区政务服务中心推出 24 小时政务服务专区，除了到大厅使用政务服务自助终端机外，办事人也可提前预约，根据预约时间进行业务办理，实现政务服务

的全天办理。对此，你怎么看？

办好人民群众牵肠挂肚的民生大事，做好人民群众天天有感的关键小事，是我们对人民的庄严承诺。政务服务中心推出 24 小时政务服务专区，就是为了解决企业和居民“上班没空办、下班没处办”的难题。此举措延长了政务服务时间，进一步提高了企业和群众办事便利度，同时将持续优化当地的营商环境。

感人心者，莫先乎情。习近平总书记指出：“我们的目标很宏伟，也很朴素，归根到底就是让老百姓过上更好的日子。”深化“放管服”改革，优化政务服务工作，将会对人民群众产生很大的积极影响。主要体现在：

1. 优化企业和群众的业务办理。推出 24 小时政务服务，采取创新服务方式，大力推行“网上办”“掌上办”等，最大限度地为企业和群众提供更便捷、更高效、更优质的服务，实现“数据多跑路，群众少跑腿”。

2. 提高政府办事效能。推出 24 小时政务服务，科学设置自助服务区，推进政务自助服务建设，大力推动线上线下政务服务平台整合，提高政府办事效能和服务质量。

优化服务无止境，改进服务无终点。对此，我们必须抓好落实，做到目光所至看到问题，耳听范围想到问题，所思所想直面问题，所作所为解决问题。

1. 提升自助服务质量。各区分点设置政务服务自助终端机、银行自助服务终端等设备，以便为办事群众提供“一站式”服务。

2. 加强为民服务能力建设。要以“将心比心”的态度、“马上就办”的速度、“办就办好”的力度，用心、用情、用力解决好人民群众的急难愁盼问题。在办事大厅自助区设置办事人员业务填写清单及范本区域，并安排专人为办事人员提供指导和帮助，方便企业和群众办事。

3. 升级办理设备。大厅配备电脑、打印机、高拍仪等办公设备，设置取号叫号、满意度评价等办公系统，切实提高大厅政务服务水平。

★日积月累

1. 优化服务无止境，改进服务无终点。

2. 感人心者，莫先乎情。

3. 办好人民群众牵肠挂肚的民生大事，做好人民群众天天有感的关键小事。

4. “将心比心”的态度、“马上就办”的速度、“办就办好”的力度。

5. 目光所至看到问题，耳听范围想到问题，所思所想直面问题，所作所为解决问题。

五、哲学方法论

● 解剖麻雀、牵牛鼻子、举一反三、统筹兼顾，从四个词中选择一个你认为工作中的“金钥匙”，请举例说明。

人的思维是否具有客观的真理性，这不是一个理论的问题，而是一个实践的问题。哲学思维方法不在于给人多少具体的知识，也不在于给人解决了多少具体的问题，它的根本作用在于给人提供了一种正确的理性思维模式，培养和锻炼人的思辨能力，从而使人们树立正确的人生观和价值观，掌握认识世界、改造世界的正确方法，在社会实践中产生出巨大的推动力。

1. 分别阐述观点

①解剖麻雀，指通过深入研究具体典型，从而找出事物的一般规律，体现个别与一般的辩证关系原理。

②牵牛鼻子，指我们遇到问题时能够找准问题的关键，抓住主要矛盾和矛盾的主要方面，也就是抓关键、抓重点，体现主要矛盾与次要矛盾的辩证关系原理。

③举一反三，指能通过一件事类推到其他事，要求我们善于思考、善

于总结，体现归纳与演绎的辩证关系原理。

④统筹兼顾，指考虑问题要从全局出发，考虑到各方利益并做好平衡，体现系统化原理。

这四个方面的能力在工作中都非常重要，但我认为“牵牛鼻子”是最重要的，它是工作中的“金钥匙”。

2. 分析论证观点

①“牵牛鼻子”体现解决主要矛盾问题的根本规律。哲学辩证法告诉我们，矛盾分为主要矛盾和次要矛盾，主要矛盾决定事物发展的方向，我们只有抓住主要矛盾，才能找到解决问题的关键。比如，当今有些地方少数领导滋生腐败，主要原因是没有抓住“关键少数”这个牛鼻子。为解决这个问题，党中央在推进全面从严治党的过程中，倒逼一些领导切实担起职责，层层压实责任并率先垂范。

②“牵牛鼻子”促使工作更有成效。实际工作错综复杂、千头万绪，如果没有找准核心问题，而是“眉毛胡子一把抓”，则不仅浪费时间，还很难出成绩。我们唯有抓住问题的关键点，坚持问题导向，才能集中力量去攻坚克难，通过打通一点，达到解决一面的效果。过去扶贫工作没有成效，都是因为采用“大水漫灌”“手榴弹炸跳蚤”方式，贫困户“等靠要”思想严重，不仅浪费财力，还容易出现返贫情况。后来，我们抓住了扶贫工作中“输血变造血”这个牛鼻子，采用了产业扶贫、金融扶贫、扶贫先扶志等方式，精准施策，才取得了扶贫工作的全面胜利。

③“牵牛鼻子”符合政府管理职责的必然要求。当前我国正处在改革攻坚期，这对我们政府管理提出了更高要求，更需要政府集中力量解决群众身边“痛点、堵点、难点、热点”问题。从乡村振兴到强国建设的提出，从“双减”政策的落实到“房子是用来住的，不是用来炒的”定位论断的提出，每一项任务的落实都需要政府具有更高管理能力和服务水平。我们唯有踔厉奋发，笃行不怠，方能找到并抓住解决问题的牛鼻子，以应对新

时期对公务人员的新要求。

★日积月累

1. 没有调查没有发言权。

2. 不愤不启，不悱不发，举一隅，不以三隅反，则不复也。

3. 牵牛要牵牛鼻子，打蛇要打蛇七寸。

4. 当我们通过思维来考察自然界或人类历史或我们自己的精神活动的时候，首先呈现在我们眼前的，是一幅由种种联系和相互作用无穷无尽地交织起来的画面。

5. 这一共性个性、绝对相对的道理，是关于事物矛盾的问题的精髓，不懂得它，就等于抛弃了辩证法。

6. 不谋万世者，不足谋一时；不谋全局者，不足谋一域。

7. 人的思维是否具有客观的真理性，这不是一个理论的问题，而是一个实践的问题。

六、道德建设

● 近日，领导人在给安徽黄山风景区工作人员李培生、胡晓春的回信中强调，你们长年在山崖间清洁环境，日复一日呵护着千年迎客松，用心用情守护美丽的黄山，充分体现了敬业奉献精神。对此，请谈谈你的看法。

一纸书信，关怀万千。习近平总书记的重要回信，高屋建瓴、内涵丰富，情真意切、语重心长，充分体现了对“中国好人”的关怀关爱和对精神文明建设的高度重视。这封信不仅是写给李培生、胡晓春个人的，也是写给所有“中国好人”的；这不仅是李培生、胡晓春个人的光荣，也是全省人民的光荣。

不要人夸好颜色，只留清气满乾坤。李培生和胡晓春的事迹可圈可点、可学可及。对此我有以下分析论证。

马克思主义认为，道德是一种社会意识形态，是调整人们之间以及个人和社会之间关系的行为准则和规范的总和。道德没有强制性，它依靠社会舆论、人们的信念、习惯、传统和教育来起作用。马克思主义认为，共产主义的理想与信念至关重要。为共产主义理想、信念而奋斗、而献身、而自我牺牲，则是共产主义道德的最高体现。

道德模范，可敬可爱；模范事迹，可信可学。在日升月落中忙碌，在寒来暑往中坚守，李培生和胡晓春发挥了榜样作用。他们在各自平凡的岗位上，创造了不平凡的业绩，诠释了“中国好人”的内涵。不凡源自平凡，平凡创造不凡。一切平凡的人都可以获得不平凡的人生，一切平凡的工作都可以创造不平凡的成就。比如，“坚守山区，用爱浇灌教育的种子”的感动中国人物和“七一勋章”获得者张桂梅老师等，那些感人的瞬间、那些熟悉的名字、那些温暖的故事，展现了新时代道德建设的丰硕成果。他们为广大人民群众树立了道德标杆和身边榜样。他们舍小我、顾大家，以初心坚守岗位，用担当践行奉献情怀。他们用平常心做不平常事，用小爱凝聚人间大爱，是社会文明风尚的领跑者。

榜样是看得见的哲理，先进典型是鲜活的价值引领。在今后的生活和工作当中，我将践行社会主义核心价值观，积极传播真善美、传递正能量，带动更多身边人向上向善，弘扬社会主义核心价值观，争做社会好公民、单位好员工、家庭好成员，为实现中华民族伟大复兴奉献自己的光和热。

★日积月累

1. 善者吾善之，不善者吾亦善之，德善。信者吾信之，不信者吾亦信之，德信。

2. 不要人夸好颜色，只留清气满乾坤。

3. 将教天下，必定其家，必正其身。

4. 莫见乎隐，莫显乎微，故君子慎其独也。

七、理想信念

● 激情燃烧的岁月，人们想到的是江姐和雷锋；改革开放的岁月，人们想到的是女排和航天。现在进入新时代，我们想到的是什么？你有什么感想？

大鹏一日同风起，抟摇直上九万里。社会发展日新月异，不同的时代有不同的楷模、不同的精神、不同的创新。革命战争时期，无数仁人志士抛头颅、洒热血，具有“革命理想高于天”的信仰力量，才铸就了新中国的成立；改革开放的岁月，女排精神和航天精神熠熠生辉，演绎了改革开放的历史伟剧。新时代的今天，人工智能、5G 技术、量子力学、VR……这些无一不体现新质生产力的巨大进步，尤其是“互联网 +”，更是渗入日常交通、办公、娱乐各个角落。

不能胜寸心，安能胜苍穹。科技进步日新月异，我想到了电信诈骗、网络暴力……网络是把“双刃剑”，滋生了道德犯罪的土壤，各种诈骗方式相伴相生，造成的悲剧屡见不鲜；在计算机屏幕前滥用键盘的功效，各种低俗的人身攻击不断……因此，我们必须认真面对科技给我们带来的负面影响。

追梦路上，不忘初心，方得始终。新时代的发展利弊相辅，我渴望享受科技进步给社会带来的益处，亦希望不完美逐渐得以改善。对此，我需要戒骄戒躁，在自己平凡的岗位上坚守奉献。无论科技如何发展，我们始终要坚持最初的本心。

★日积月累

1. 大鹏一日同风起，抟摇直上九万里。

2. 追梦路上，到中流击水，舍我其谁。

3. 一切向前走，都不能忘记走过的路，走得再远、走到再光辉的未来，也不能忘记走过的过去，不能忘记为什么出发。

4. 不能胜寸心，安能胜苍穹。

八、青春寄语

● **习近平总书记在五四青年节寄语新时代青年时强调：坚定理想信念，站稳人民立场，练就过硬本领，投身强国伟业。请谈谈你对这句话的理解。**

青春孕育无限希望，青年创造美好明天。习近平总书记的寄语，既是对青年的规范和要求，也是长辈对青年的寄托和期盼。我们青年人应该积极响应号召，坚定理想信念，练就过硬本领，为祖国发展贡献自己的力量。

党的二十大报告强调："广大青年要坚定不移听党话、跟党走，怀抱梦想又脚踏实地，敢想敢为又善作善成，立志做有理想、敢担当、能吃苦、肯奋斗的新时代好青年，让青春在全面建设社会主义现代化国家的火热实践中绽放绚丽之花。"也正如鲁迅先生所言，青年"所多的是生力，遇见深林，可以辟成平地的，遇见旷野，可以栽种树木的，遇见沙漠，可以开掘井泉的"。刀在石上磨，人在事上练。对于题干所阐述的内容，我有以下分析论证。

1. 坚定理想信念，方能把稳思想之舵。青年理想远大、信念坚定，是一个国家、一个民族无坚不摧的前进动力。青年志存高远，就能激发奋进潜力，青春岁月就不会像无舵之舟漂泊不定。

2. 练就过硬本领，方能百炼成钢。当今时代，知识更新不断加快，社会分工日益细化，新技术新模式新业态层出不穷。这既为青年施展才华、竞展风采提供了广阔舞台，也对青年能力素质提出了新的更高要求。不论是成就自己的人生理想，还是担当时代的神圣使命，青年都要珍惜韶华、不负青春，努力学习掌握科学知识，提高内在素质，锤炼过硬本领。

3. 投身祖国事业，方能担当时代之责。风起于青蘋之末，浪成于微澜之间。新时代中国青年只有担当时代之责，为祖国发展贡献自己的力量，才能完成自己的使命，实现自己的价值。

万千烛火，皆有暖意；青春不息，追梦不止。在今后的工作中，作为新时代青年，我要做到强国复兴有我，青春当仁不让：

一要坚定理想信念、筑牢信仰之光。青年人要树立对马克思主义的信仰、对中国特色社会主义的信念、对中华民族伟大复兴中国梦的信心。

二要练就过硬本领、投身强国伟业。庭院里跑不出千里马，温室里长不出万年松。青年人应当努力学习马克思主义的立场、观点、方法，努力掌握科学文化知识和专业技能，并积极投入工作实践，在工作中增长才干、练就本领。

★日积月累

1. 刀在石上磨，人在事上练。

2. 青春由磨砺而出彩，人生因奋斗而升华。

3. 鲁迅先生所言，青年“所多的是生力，遇见深林，可以辟成平地的，遇见旷野，可以栽种树木的，遇见沙漠，可以开掘井泉的”。

4. 庭院里跑不出千里马，温室里长不出万年松。

5. 风起于青蘋之末，浪成于微澜之间。

九、基层一线

● 基层干部应该到群众中去，人在身在，身在心在，心在情在。请结合自身实际，谈谈你的理解。

上面千条线，下面一根针。习近平总书记强调："人民就是江山，共产党打江山、守江山，守的是人民的心，为的是让人民过上好日子。"参天之木，必有其根；怀山之水，必有其源。作为基层干部，只有做到人在身在，身在心在，心在情在，才能努力做人民群众的践行者、贴心人。对基层干部来说，这句话既是殷切希望，又是诫勉要求。作为当代青年，我们要牢记在心，付之于行。

知屋漏者在宇下，知政失者在草野。对此，我有以下论述：

1. 人在身在，沉下心攻坚。基层干部要沉下身子，深入基层解难题。党的群众路线指出：从群众中来，到群众中去。基层干部与群众是鱼水关系，基层干部唯有坐百家凳，解千家忧，才能真正发现基层问题，了解群众现实诉求。倘若基层干部脱离群众，才是我们党执政后面临的最大危险。基层干部要经常深入基层，多到群众家炕头坐一坐，田间地头走一走，这样才能做到想群众之所想、急群众之所急、盼群众之所盼。

2. 身在心在，沉下心办事。基层干部要沉下心，倾听民声，办实事。敢于听取群众的真话，而不是为了工作业绩、舆论压力应付了事，这种"走马观花""蜻蜓点水"的形式主义，在现实中要不得。基层干部唯有带着真心，俯下身子，才能倾听群众"掏心窝子的话"，才能与群众打成一片，解决群众急难愁盼的问题。

3. 心在情在，沉下心融入。基层干部深入基层不仅要动心服务，也要动情服务，时刻把群众利益放在心间，设身处地考虑群众的难处，从内心深处想着为群众解决最关心、最迫切的问题。

治政之要在于安民，安民之道在于察其疾苦。总之，作为新时代的基层干部，我们当把"人在身在，身在心在，心在情在"作为自己工作的箴言。一方面，我们要把个人理想和国家梦想结合起来，将全心全意为人民服务的宗旨付诸实践；另一方面，我们应多深入基层，倾听民意，用心、用情、用力，才能真正解民忧、纾民困、暖民心。

★日积月累

1. 治政之要在于安民，安民之道在于察其疾苦。

2. 上面千条线，下面一根针。

3. 人在身在，身在心在，心在情在。

4. 坐在办公室碰到的都是问题，深入基层看到的全是办法。

5. 知屋漏者在宇下，知政失者在草野。

十、人民主体

● 公益宣传片《十四亿分之一》里有各种劳动人民，他们都是十四亿中的“1”。对此，请谈谈你的看法和感悟。

时代是出卷人，我们是答卷人，人民是阅卷人。基于对公益宣传片内容的理解，我深刻感悟到了人民群众的伟大作用。

利民之事，丝发必兴；厉民之事，毫末必去。正如恩格斯所说：“最终的结果总是从许多单个的意志的相互冲突中产生出来的，而其中每一个意志，又是由于许多特殊的生活条件才成为它所成为的那样。这样就有无数互相交错的力量，有无数个力的平行四边形，由此就产生出一个合力……”对此，我有以下看法与感悟：

孤举者难起，众行者易趋。我首先感悟到中华民族团结一心。中华民族是56个民族的融合，是14亿中国人的融合，就像石榴籽一样紧紧团结在一起。中华民族经历了许多磨难与挫折，在面对列强侵略时，我们万众一心，抵御侵略；在面对洪涝灾害时，我们相互配合，抵御洪水。

追梦需要激情和理想，圆梦需要奋斗和奉献。我感悟到了全体人民的无私奉献精神。祖国的事业需要每个人去奋斗，正因为无数“平凡英雄”无私奉献自己的力量才有今天的太平盛世。我们要向王继才学习，学习他坚持守岛 32 年，无怨无悔、不求回报，在平凡岗位上创造出不平凡的人生；我们也要向马毛姐这样的战斗英雄学习，身为群众，积极投身祖国解放大业，不怕牺牲，为无数革命战士保驾护航；我们还要向无数投身于乡村振兴的年轻干部学习，他们不为名利、不畏艰难，给乡村振兴带来新希望。

大鹏一日同风起，抟摇直上九万里。我还感悟到了全国人民的理想信念与奋斗品格。合抱之木，生于毫末；九层之台，起于累土。任何伟大事业都是通过无数小事完成的，我们要有远大理想并为之奋斗。幸福是奋斗出来的，奋斗本身就是一种幸福，祖国的事业离不开千千万万普通人的奋斗。我看到外卖小哥在烈日下奔忙，我看到环卫工人在低头寻觅垃圾，我看到交警们在烈日下指挥交通。

民之所忧，我必念之；民之所盼，我必行之。这部公益宣传片使我深受感动，我要严格要求自己，在新的赶考路上以时代之我、青春之我，奋力书写不负时代、不负人民的崭新答卷。

★日积月累

1. 衙斋卧听萧萧竹，疑是民间疾苦声；些小吾曹州县吏，一枝一叶总关情。

2. 政之所兴在顺民心，政之所废在逆民心。

3. 但愿苍生俱饱暖，不辞辛苦出山林。

4. 时代是出卷人，我们是答卷人，人民是阅卷人。

5. 民之所忧，我必念之；民之所盼，我必行之。

6. 利民之事，丝发必兴；厉民之事，毫末必去。

7. 历史是这样创造的：最终的结果总是从许多单个的意志的相互冲突中产生出来的，而其中每一个意志，又是由于许多特殊的生活条件，才成为它所成为的那样。这样就有无数互相交错的力量，有无数个力的平行四边形，由此就产生出一个合力，即历史结果。

十一、网络治理

● 近日，全国多地遭遇强降雨，很多专业救援队、党员干部、武警官兵、普通公民，为保护群众生命财产安全挺身而出，温暖人心；一些知名人士也积极为灾区捐款捐物，值得称赞。但少数“网红”和娱乐明星到灾区蹭流量，不仅令人反感，更因挤占救援通道等，给救灾“帮倒忙”。对此，你怎么看?

一根筷子轻轻被折断，十双筷子牢牢抱成团。一方有难八方支援，是中华民族的传统美德，也是社会主义核心价值观的体现。连日来，来自全国各地的志愿者不断驰援灾区，转移被困群众、抢救物资，对抗击洪灾发挥了巨大作用。但少数“网红”和娱乐明星到灾区蹭流量，严重干扰了救援任务。救援救灾，每一分、每一秒都“人命关天”。公众善念不容透支，网络并非法外之地。习近平总书记指出：“网络空间是亿万民众共同的精神家园。网络空间天朗气清、生态良好，符合人民利益。网络空间乌烟瘴气、生态恶化，不符合人民利益。”这种不良现象必须予以制止。

信息是水滴，舆论是江河，意识形态是堤坝。对于一些有负面影响的事情必须予以重视。那些动机不纯的“网红”和娱乐明星去到灾区，不是为了帮忙，而是来带私货，更多的是为了造话题、求关注，把救灾现场当秀场，消费苦难，愚弄大众。究其原因，一是政府监管不力，二是平台置之不理，三是少数“网红”和娱乐明星缺乏社会责任感，四是网民辨识能力不够。其危害有以下几点：一是堵住救援通道，影响灾民转移；二是占用宝贵的救援资源；三是形成不良社会风气；四是消费网民爱心。

网络治理始于心，安全网络践于行。“网红”、娱乐明星的示范效应巨大，如果不建立道德防线，将对公众产生错误的示范。对此，我们应做到：

1. 加强网络监管，规范“网红”和娱乐明星自身行为，根除负面新闻生存的土壤。

2. 健全网络道德规范，增强广大网民的社会责任意识，共同维护清朗的网络环境。

3. 出台严格的行为约束机制。

★日积月累

1. 网络治理始于心，安全网络践于行。

2. 网络安全人人参与，和谐社会个个受益。

3. 信息是水滴，舆论是江河，意识形态是堤坝。

4. 公众善念不容透支，网络并非法外之地。

十二、生态保护

● 近年来，国家自然保护区生态环境破坏严重。其中，鄱阳湖、祁连山、秦岭等地生态破坏较为严重，填湖违建、违章搭建、私建别墅等乱象不断发生，人民对此反映强烈。对此现象，你怎么看?

生态兴则文明兴，生态衰则文明衰。习近平总书记在广东考察时指出：“我们在生态环境方面欠账太多了，如果不从现在起就把这项工作紧紧抓起来，将来付出的代价会更大。在这个问题上，我们没有别的选择。”生态文明是实现人与自然和谐发展的必然要求，生态文明建设是关系中华民族永续发展的根本大计。题干中出现的严重破坏生态的现象，体现了加强生态文明建设依然任重道远，必须下大力度进行整治。

环境就是民生，青山就是美丽，蓝天也是幸福。恩格斯在《自然辩证法》中指出：“我们不要过分陶醉于我们人类对自然界的胜利。对于每一次这样的胜利，自然界都对我们进行报复。每一次胜利，起初确实取得了我们预期的结果，但是往后和再往后却发生完全不同的、出乎预料的影响，常常把最初的结果又消除了。”《孟子》中说：“不违农时，谷不可胜食也；数罟不入洿池，鱼鳖不可胜食也；斧斤以时入山林，材木不可胜用也。”

造成生态破坏的主要原因有：

1. 土地破坏严重，包括植被破坏、水土流失、地表塌陷等不利于地区生态环境保护的现象；

2. 缺乏生态需求，不能满足百姓生态需求；

3. 政策落实不力，不利于中央政策贯彻落实，影响地方转型发展和可持续发展。

生态环境没有替代品，用之不觉，失之难存。珍爱青山绿水，方有“诗与远方”。只有以壮士断腕的决心、背水一战的勇气、攻城拔寨的拼劲，才能推动人与自然和谐发展。我们必须采取对策：落实监管，实施监测管控体系，完善政策法规体系，提高政治觉悟，建立健全责任制度。

★日积月累

1. 环境就是民生，青山就是美丽，蓝天也是幸福。

2. 劝君莫打枝头鸟，子在巢中望母归。

3. 珍爱青山绿水，方有“诗与远方”。

4. 生态环境没有替代品，用之不觉，失之难存。

5. 绿水青山就是金山银山。

6. 生态兴则文明兴，生态衰则文明衰。

7. 我们不要过分陶醉于我们人类对自然界的胜利。对于每一次这样的胜利，自然界都对我们进行报复。每一次胜利，起初确实取得了我们预期的结果，但是往后和再往后却发生完全不同的、出乎预料的影响，常常把最初的结果又消除了。

8.《孟子》中说："不违农时，谷不可胜食也；数罟不入洿池，鱼鳖不可胜食也；斧斤以时入山林，材木不可胜用也。"

十三、垃圾分类

● 某专业机构对 2002 名群众做问卷调查，调查结果显示：69.8% 的公民对垃圾分类知识一知半解，95.8% 的公民想学习垃圾分类相关知识，69.8% 的群众希望媒体推送垃圾分类相关的知识。对此，请谈谈你的看法。

垃圾分类新时尚，全民参与齐点亮。垃圾虽小，牵着民生，连着文明。实行垃圾分类，让垃圾分类成为新时尚，不仅有利于保护广大人民群众的生活环境，还关系着资源的节约使用，是社会文明水平的一个重要体现。然而，群众缺乏垃圾分类知识、垃圾分类意识不强是制约垃圾分类工作顺利开展的因素。垃圾分类关系千家万户，政府和媒体要从人民群众关心的事情做起，加强引导，把工作做细、做实。

针对群众缺乏垃圾分类知识，政府、媒体、社区、居民等多方主体应形成合力，推进垃圾分类。

1. 政府要自上而下开展垃圾分类知识的宣传和推广工作。将学习垃圾分类知识作为各级政府的工作重点，社区居委会及村民委员会也可以发挥民主管理职能，促使广大群众学习和了解垃圾分类知识，并将其运用到实践中。

2. 媒体要发挥宣传作用。可以在各种传播平台，诸如报纸、电视、网络等，开展形式多样的垃圾分类知识的宣传活动，如公益广告、垃圾分类知识竞赛等，调动人们学习垃圾分类知识的积极性。

3. 公民要主动学习垃圾分类知识。以微信小程序为载体，号召全民参与、答题打卡、点亮城市，鼓励全社会参与垃圾分类，养成垃圾分类好习惯，争做垃圾分类好公民。垃圾分类一小步，生态文明一大步。组织开展

“垃圾分类齐点亮”、参观垃圾分类主题公园、垃圾分类科普宣传等活动，形成同频共振、上下合力，扩大垃圾分类工作的影响力，提升群众的知晓率和满意度。

★日积月累

1. 垃圾虽小，牵着民生，连着文明。

2. 垃圾分类一小步，生态文明一大步。

十四、应急处突

● 近日，有群众在网上上传了一则关于“老人冒雨交医保被拒”的新闻，引发了网友的不满和批评。领导让你负责处理此事，你会怎么办？

临大事而不乱，临利害之际不失故常。“老人冒雨交医保被拒”的新闻引发社会广泛关注，网友提出不满和批评，作为政府工作人员，应该保持清醒的头脑，及时妥善处理，避免舆情进一步发酵。故我将本着轻重缓急和公平、公正的原则，给群众一个满意的答复。

祸患常积于忽微，而智勇多困于所溺。对于老人交社保被拒一事，我们应该从以下方面开展工作：

1. 及时回应，表明立场。第一时间收集整理舆论关切的问题，并通过官网向公众发表声明，告知群众政府高度关注此次事件，并向社会承诺会妥善处理，请广大群众放心，一定会给老人满意的答复，请大家耐心等待。

2. 多方调查，了解实情。找到当时现场办公的工作人员询问事情前后经过；调取办事大厅的监控录像，查看当时的情况。与此同时，联系老人或者老人的家人核实消息，看一看老人的办事诉求，并联系现场群众了解情况，弄清楚事情真相。

3. 及时处理，公开结果。在调查核实后，若为工作人员之过错，则先安排工作人员到老人家中帮助老人解决医保办理问题，并向老人诚恳致歉。同时对失职工作人员进行相应处理，及时向公众公开处理进程和结果。

禁微则易，救末者难；人无远虑，必有近忧。防范、化解风险是攻坚战，更是持久战。对于老人冒雨交社保被拒现象的发生，我们必须进行深刻反思，举一反三，做到“见之于未萌、治之于未乱”：

一是加强工作人员培训，提升服务意识和能力。

二是完善办事流程，调整工作方式。比如增设老年人办事窗口，开辟绿色通道。

三是开发特色服务，比如定期开展业务办理上门服务等。

★日积月累

1. 临大事而不乱，临利害之际不失故常。

2. 禁微则易，救末者难。

3. 祸患常积于忽微，而智勇多困于所溺。

4. 安而不忘危，存而不忘亡，治而不忘乱。

5. 人无远虑，必有近忧。

6. 见之于未萌、治之于未乱。

十五、组织宣传

● 调查表明，安全事故已经成为 14 岁以下少年儿童的第一死因。随着暑假的到来，少年儿童的安全问题再次被重点关注。假如你是一名社区工作人员，领导让你在辖区范围开展一次关于“少年儿童安全教育”的宣传活动，你会如何开展？

举安全之盾，防事故之患。安全知识并非与生俱来，需要加强日常学习、开展实战演练。尤其暑假来临，很多孩子离开学校，没有安全意识就很容易引发事故。我们要加强安全知识宣传教育，在遇到突发事故时做到冷静应对。

凡事预则立，不预则废。如果由我负责此次宣传活动，我会重点做好以下工作：

1. 进行前期筹备。收集整理发生在少年儿童中的危险事故，尤其是暑假期间容易发生的事故；同时，收集整理各种安全事故的照片、视频等资料，为现场活动做准备。

2. 做好动员宣传。通过电话、微信群、公告等方式，动员广大少年儿童及家长积极参与。为保证参与积极性，动员时须强调“少年儿童安全教育”的重要性。

3. 组织现场活动。现场以讲座形式邀请消防人员为大家讲解、演示。内容包括在发生事故、灾难时应如何自救、逃生，在遇到电梯故障等安全问题时应如何求助，以及其他应特别注意的事项。为保证宣传趣味性，可以在讲解时增加互动环节，如问题抢答、现场演练、逃生游戏等。

千丈之堤，以蝼蚁之穴溃；百尺之室，以突隙之烟焚。我会在活动结束后，现场收集大家的意见、建议，总结活动成效以及需要改进之处，为后期开展类似活动提供参考。同时，将活动照片、视频等资料上传相关网站，以达到二次宣传的目的。

★日积月累

1. 千丈之堤，以蝼蚁之穴溃；百尺之室，以突隙之烟焚。

2. 举安全之盾，防事故之患。

十六、清正廉洁

● 党的十八大以来，通过全面从严治党、党风廉政建设和反腐败斗争等一系列举措，我们取得了重大成就。但是，廉政建设并未完成，廉政建设还在路上。领导人多次提到“心不动于微利之诱，目不眩于五色之惑”。请结合反腐倡廉工作，谈谈对这句话的理解。

奢靡之始，危亡之渐。这告诉我们不要被蝇头小利诱惑而失了操守、坏了本心，不要被五光十色的外界诱惑，要有自我控制能力，强调干部要清正廉洁，要“慎微”“慎欲”。党的二十大报告强调：只要存在腐败问题产生的土壤和条件，反腐败斗争就一刻不能停，必须永远吹冲锋号。坚持不敢腐、不能腐、不想腐一体推进……以零容忍态度反腐惩恶……决不姑息。清正廉洁，“慎微”“慎欲”对干部有十分重要的意义。清正廉洁既是党员干部自身的道德要求，也是纪律底线。清正廉洁的最大受益者是人民，干部清正廉洁，人民的利益才不会被侵犯。

人心似铁，官法如炉。我们要认清“微腐败”“基层贪腐”等现实中轮番上演的贪腐问题，徐才厚、周永康等典型腐败案例更体现出当前反腐工作的严峻形势。

开弓没有回头箭，反腐没有休止符。要始终做到清正廉洁，还需多方努力：

1. 政府制定纪律制度，对反腐问题无禁区、全覆盖、零容忍，让干部对权力“有所畏惧，有所敬畏”。“把权力关进制度的笼子里”，既要明确制度底线，更要加强全面监督，将老虎、苍蝇一起打，让贪腐之风销声匿迹。

2. 干部要保持“慎微”“慎欲”，踏踏实实做事，清清白白为官。再小的利益，不是自己的不要贪；再大的诱惑，不能碰的不要碰。

3. 群众参与干部监督，明确认识小贪小腐也是贪腐，要敢于举报和监督。

★日积月累

1. 人心似铁，官法如炉。

2. 开弓没有回头箭，反腐没有休止符。

3. 廉不言贫，勤不言苦。

4. 奢靡之始，危亡之渐。

5. 浇风易渐，淳化难归。

十七、调查研究

● 单位要组织党员干部开展体验式调研活动，比如说做一次网约车司机、送一次外卖、走一次群众办事流程等。如果领导安排你组织此次活动，你准备怎么做?

调查研究是谋事之基、成事之道。没有调查，就没有发言权，更没有决策权。单位要组织党员干部开展体验式调研活动，如果领导安排我组织此次活动，我将运用好“四下基层”这个抓手，采取以下措施：

物有甘苦，尝之者识；道有夷险，履之者知。首先，我会与领导、参与者沟通，充分认识这次活动的重要性和必要性。活动目的是进一步贴近群众，服务群众，促进党群关系。通过当网约车司机、外卖骑手，体验群众办事流程等，党员干部将体会群众的所思所盼，从而更好地为群众服务，解决群众实际问题。

调查研究是我们党的传家宝，是做好各项工作的基本功。其次，我会协调相关部门，确保活动顺利进行。比如，联系网约车平台、外卖平台，联络办事大厅等。同时，我会制定详细的活动方案，包括时间、地点、流程、注意事项等，确保活动的有序进行。活动中，我会对参与者进行安排和引导，确保他们能够充分体验和了解相关情况，并及时解决他们遇到的问题和困难。

调研过程如“十月怀胎”，调研结果如“一朝分娩”。最后，我会对活动进行评估和总结，向领导和参与者汇报活动开展情况，及时收集和整理参与者的反馈建议，若发现问题和不足，我将进一步完善和改进体验式调研活动，提高活动实效性和针对性。对于那些一时解决不了、容易反复出现的问题，应着力推动制度建设，让“当下改”有规可依、“长久立”有章可循。

一语不能践，万卷徒空虚。总之，体验式调研活动是一种有效的调研方式，可以让党员干部进一步贴近群众，服务群众。如果我有机会组织这样的活动，我将坚持把自己摆进去、把职责摆进去、把工作摆进去，把问题整改落到实处；充分发挥组织能力，协调各方资源，确保活动的顺利进行；同时注重活动的评估和总结，不断完善和改进活动，为促进党群关系的发展做出积极的贡献。

★日积月累

1. 调查研究是谋事之基、成事之道。没有调查，就没有发言权，更没有决策权。

2. 调研过程如“十月怀胎”，调研结果如“一朝分娩”。

3. 一语不能践，万卷徒空虚。

4. 调查研究是我们党的传家宝，是做好各项工作的基本功。

5. 耳闻之不如目见之，目见之不如足践之。

6. 操千曲而后晓声，观千剑而后识器。

十八、营商环境

● 就如何优化营商环境，给基层干部发倡议书，你认为重点是什么？

借风扬帆好行船，枝繁巢暖引凤栖。党的二十大报告指出，要“营造市场化、法治化、国际化一流营商环境”。营商环境事关市场主体活力和长远发展。优化营商环境，促进经济社会高质量发展，是我们共同的心愿和责任。要树立“人人是服务员、行行是服务业、环环是服务链”的理念。对于优化营商环境，给基层干部发倡议书，我认为重点应包括以下几个方面：

1. 坚持问题导向，找病根除病灶。强化“营商环境就是生产力”意识，对标对表查摆问题，把自己摆进去，把工作摆进去，把职责摆进去，采取更加有力的措施，刀刃向内、自我革命，找准营商环境的“难点”、“痛点”和“堵点”，提高优化营商环境针对性，实现靶向优化。

2. 坚持目标导向，守宗旨强服务。亲不逾矩，清不远疏。优化营商环境，必须牢记为人民服务的宗旨，切实增强优化营商环境的责任感、使命感和紧迫感，多做尊商、敬商、亲商、爱商的事，不做损商、坑商、离商、逐商的事，坚持从企业、群众需求出发，当好“店小二”，做好“引路人”，做到“党有号召，我有行动；党有部署，我有落实”。

3. 坚持结果导向，抓落实出实效。政商各循其道，亲则两利，清则相安。加大宣传和组织力度，做优化营商环境的维护者、推动者和践行者，让群众不跑冤枉路、企业不浪费时间，做到落实工作不需要调度，解决群众、企业问题不需要督办。

潮平两岸阔，风正一帆悬。让我们携起手来，用实际行动助力营商环境提质增效，用坚实脚步带动营商环境“好起来”“暖起来”“强起来”，以中国式现代化在全面建设社会主义现代化国家的进程中书写更多“春天的故事”。

★日积月累

1. 借风扬帆好行船，枝繁巢暖引凤栖。
2. 亲不逾矩，清不远疏。
3. 政商各循其道，亲则两利，清则相安。
4. 营商环境就是生产力。
5. 营造市场化、法治化、国际化一流营商环境。

十九、创新创造

● 请认真观察下面的漫画，谈谈你的感悟和启示。

小故事，大智慧。这幅漫画描绘的是两只乌鸦喝水的故事：一只乌鸦按照传统思维找来石子，准备往瓶子里投，待水溢上来时再喝水；另一只乌鸦却找来一根吸管，捷足先登，轻松喝到了水。两个乌鸦的做法形成了鲜明对比，彰显了创新的重要性。凡益之道，与时偕行。这幅漫画对我有如下启示：

1. 守旧就会挨饿，创新才能生存。苟日新，日日新，又日新。诺基亚手机和柯达胶卷被淘汰的例子充分说明了创新的重要性，不创新就要被社会淘汰。

2. 学会见贤思齐，不断反思提升。见贤思齐焉，见不贤而内自省也。看到别人取得成功时，要主动学习别人成功的经验。例如三国时期，诸葛亮得知当地有一位德高望重的学者，便立刻去拜访，后来成为蜀汉丞相。

3. 掌握方法技巧，必然事半功倍。成功必然有方法，出其不意，就会完成弯道超车。如中国的高铁、5G、航天技术、量子力学，等等。

4. 学会借力打力，做到与时俱进。一只乌鸦是借用石子，另一只乌鸦是用吸管，二者的效果截然不同。所以，我们在借力时，要不断创新借力方式。昨天投石子是一种创新，而到今天就被淘汰了，借力要借巧力，必须与时俱进。

新故相推，日生不滞。在今后的工作中，我们要创新工作方式方法，学会见贤思齐，掌握工作方法和技巧；学会借力打力，珍惜有限资源，创造性开展工作。

★日积月累

1. 见贤思齐焉，见不贤而内自省也。

2. 苟日新，日日新，又日新。

3. 凡益之道，与时偕行。

4. 新故相推，日生不滞。

二十、强国有我

● 请以“请党放心，强国有我”为主题发表即兴演讲。

各位考官，我今天演讲的题目是“心中有党”。

青春孕育无限希望，青年创造美好明天。2021 年 7 月 1 日，在庆祝中国共产党成立 100 周年大会上，青年代表以响亮的“请党放心，强国有我”

的呐喊向党致以青春最高礼赞，振奋人心、催人奋进。习近平总书记发出号召，未来属于青年，希望寄予青年。新时代的中国青年要以实现中华民族伟大复兴为己任，增强做中国人的志气、骨气、底气，不负时代，不负韶华，不负党和人民的殷切期望！“请党放心，强国有我”是最好的表达、最好的承诺，作为新一代广大青年，我们必须矢志不渝、用心践行，从百年党史中汲取强国力量，汇聚中华民族伟大复兴的磅礴动力。

以史为鉴，开创未来，必须提升“我”的觉悟。回望来时路，展望未来路。中国青年必须以史为鉴，不断提升“我”的觉悟。要深“学”，领会习近平新时代中国特色社会主义思想，掌握马克思主义立场、观点、方法；要深“思”，注重学习成果转化，在真懂、真学、真用中不断提升党性修养；要深“悟”，感悟“历史的选择、人民的选择”。

以史为鉴，开创未来，必须端正“我”的态度。信念决定方向，态度决定成败。习近平总书记在讲话中提到的伟大建党精神振奋人心、催人奋进。传承、弘扬伟大建党精神，需要端正“我”的态度。要时刻站稳群众立场，深刻认识权力来自人民，弄清楚“我是谁”“为了谁”“依靠谁”的问题，走好为民服务之路。经常深入基层、深入群众，善于汲取群众智慧，从思想深处多向群众学一点、多帮群众想一点、多为群众做一点。

以史为鉴，开创未来，必须拿出“我”的作为。一个行动胜过一打纲领。实现中华民族伟大复兴，不是拿来说的，是要付诸行动、见到实效的。比如，在新冠抗疫中，白衣天使逆行而上，一次次心手相连的接力、一幕幕感人至深的场景、一个个奋不顾身的身影，无不诠释了人间大爱。我们青年一代应坚持抓铁有痕、踏石留印，保持逢山开路的闯劲，较真碰硬地解决问题，以“拼搏赶超”为笔，书写“忠诚干净担当”的品格。

我们广大青年将“请党放心，强国有我”落实于实际行动中，感党恩、听党话、跟党走，永葆“俯首甘为孺子牛”的为民初心、“千磨万击还坚劲”的坚定信心和“不破楼兰终不还”的奋斗决心，定能为实现中华民族伟大复兴贡献青春力量。愿我们历尽千帆，初心不改！

★日积月累

1. 青春孕育无限希望，青年创造美好明天。

2. 一个行动胜过一打纲领。

二十一、诚信承诺

● 请观察下面这幅漫画，联系实际谈谈你的看法。

人而无信，不知其可也。漫画中，一个人许诺时，承诺的“泡泡”巨大无比，可是被小鸟轻轻一啄，“泡泡”就破了。这幅漫画以夸张手法形象地讽刺了社会上那些不守承诺的人。

诚信者，天下之结也。诚信是个人安身立命之本，是民族文明进步的重要标志。习近平总书记指出“诚信是结交天下的根本”。“拉钩，上吊，一百年，不许变”，这句脍炙人口的童谣，把诚信做人的理念深深烙印在中国人的脑海里。“早餐奶奶”毛师花、打造国产好奶粉的吴松航，“诚信之星”带动周围人以信用立身兴业；福州推出“茉莉分”、杭州上线“钱江分”，将市民的“信用画像”与便民服务挂钩，营造出知信、用信、守信的社会氛围。从个人到国家，从商务到政务，信用之光洒遍社会的每个角落，与你我如影随形。承诺内容要切合实际，应科学设定任务、目标等。要切实履行承诺，积极付诸行动，杜绝空话大话等。例如“信义老爹”杜长胜在他的儿子离世之后，用五年时间替儿子偿还了330万元的巨额债务，也用五年的时间，为世人铸造了一座“诚信”的丰碑。诚信是“百行之源”。在西子湖畔的胡庆余堂国药号，徽商“戒欺”牌匾，历经百年仍熠熠生辉。“言必信，行必果”等古语，“一诺千金”等故事，无不证明言行一致是诚信的重要内涵。“立木为信”“退避三舍”“曾子杀猪”等历史佳话，都印证了诚信的重要性，周幽王“烽火戏诸侯”则是失信遭灭国杀身的反面典型。

一诺值千金，诚信赢天下。让守信者得“甜头”，让失信者有“痛感”，承诺关乎个人诚信与职业形象等。在日常工作、生活和学习中，我们要做到言必信、行必果，对于做不到的事绝不轻言许诺。要加强社会信用体系建设，形成褒扬诚信、惩戒失信的机制和社会风尚。

★日积月累

1. 诚信者，天下之结也。
2. 以至诚为道，以至仁为德。
3. 人而无信，不知其可也。
4. 言必信，行必果。
5. 诚者，天之道也；诚之者，人之道也。

二十二、民生福祉

● 领导人说“把为民办事、为民造福作为最重要的政绩”，请结合实际工作谈谈你的看法。

感人心者，莫先乎情。领导人这句话既强调了以民为本、执政为民的重要性，也体现了领导人真挚深厚的为民情怀，更激励广大党员干部要树立正确的政绩观，始终把人民群众放在心上。

习近平总书记指出：“世界上最大的幸福莫过于为人民幸福而奋斗。心中装着百姓，手中握有真理，脚踏人间正道，我们信心十足、力量十足。”把小事办实，把难事办好，心怀百姓，不管是去西坪镇坊城新村了解易地扶贫搬迁情况，还是去云冈石窟考察历史文化遗产保护，抑或是去太钢不锈钢精密带钢有限公司考察调研，都体现了领导人时刻把人民放在心上的百姓情怀。

脚下有多少泥土，心中就有多少真情，老百姓是看在眼里、记在心上的。只有把为老百姓做了多少好事实事作为检验政绩的重要标准，想群众之所想、急群众之所急，才能践行党的宗旨。始终坚守初心，牢记使命，才能赢得人民的尊重、时代的认可。

一切为民者，则民向往之。在实际工作中，我们应坚持把“我”字看小、把“权”字看清、把“民”字放大，始终坚持以人民为中心，坚持为民办事、为民造福的民本情怀。要做到：

1. 加强理想信念教育，严格遵守政治纪律和政治规矩，一体推进不敢腐、不能腐、不想腐，坚决反对形式主义、官僚主义。

2. 做好保障和改善民生工作，帮助群众解决实际困难，兜住民生底线，补齐民生短板。

★日积月累

1. 坚持把“我”字看小、把“权”字看清、把“民”字放大。

2. 世界上最大的幸福莫过于为人民幸福而奋斗。心中装着百姓，手中握有真理，脚踏人间正道，我们信心十足、力量十足。

3. 民惟邦本，本固邦宁。

4. 一切为民者，则民向往之。

5. 把小事办实，把难事办好。

二十三、数字经济

● **党的二十大报告提出，要加快建设数字中国。请结合我国数字经济发展实际，谈谈对这句话的理解。**

党的二十大报告提出，要加快建设数字中国，充分体现了我国深刻把握新一轮科技革命、产业变革和数字经济发展规律的敏锐性。我们要深入贯彻落实党的二十大精神，多措并举提升数字经济治理效能，加快发展数字经济。

我们要推进互联网、大数据、人工智能同实体经济深度融合，做大做强数字经济。数字中国是数字时代国家信息化发展的新战略，是经济高质量发展的新动力。伴随着技术的创新演进，数字经济正在加速发展。数字经济是以数据资源为关键要素，以现代信息网络为主要载体，以信息通信技术融合应用、全要素数字化转型为重要推动力，促进公平与效率更加统一的新经济形态。近十年来，我国数字经济取得了举世瞩目的发展成就，总体规模连续多年位居世界第二，对经济社会发展的引领支撑作用日益凸显。

新故相推，日生不滞。数字经济发展也面临一些问题和挑战。数字经济的关键领域创新能力不足，“卡脖子”问题严重威胁我国数字经济的长远发展，产业链、供应链受制于人的局面尚未根本改变；不同行业、不同区域、不同群体间数字鸿沟未有效弥合，造成我国数字经济发展不平衡、不充分。

为解决数字经济发展面临的问题，我们应从以下方面采取措施：

1. 加强核心技术攻关，牢牢掌握数字经济发展自主权，实现高水平科技自立自强。

2. 数字经济引领产业发展，助力建设现代化产业体系，促进数字经济与实体经济深度融合，打造具有国际竞争力的数字产业集群。

3. 加大数字化转型复合人才培养力度，加强数字技能职业培训，建立完善的培养体系。

4. 加大数字风险治理力度，提升政府管理部门的数字化监管水平。

★日积月累

1. 要推进互联网、大数据、人工智能同实体经济深度融合，做大做强数字经济。

2. 数字经济发展速度之快、辐射范围之广、影响程度之深前所未有，正在成为重组全球要素资源、重塑全球经济结构、改变全球竞争格局的关键力量。

二十四、奋进奋斗

● 请你以“奋进新征程”为主题，做不少于 3 分钟的即兴演讲。

各位考官，上午好！今天，我演讲的题目是“不忘初心跟党走，勇毅前行开新局”。

2022 年，我们见证了一个重大的历史时刻，那就是我们党的二十大胜利召开。这是全体中华儿女政治生活中的一件大事。作为新时代的青年人，我们必将以青春之我、奋斗之我，不断增加信心、增强斗志、勇毅前行，为实现第二个百年奋斗目标，汇聚起强大的青春力量。

从石库门到天安门，从兴业路到复兴路，从一叶红船到巍巍巨轮，我们党做出的一切努力都是为了人民幸福和民族复兴。如果不是那一面高举的旗帜，怎会有今天壮丽锦绣的山河？如果不是那一点燎原的星火，怎会有今天幸福安康的生活？如果不是那一种坚定的信仰，怎会有今天光辉灿烂的中国？

相信大家都看过《长津湖》这部电影吧。“报告！穿插七连应到 157 人，实到 1 人！”这句话令人痛彻心扉，犹如一把利剑直戳我们内心深处，让我们为之动容！我们的志愿军用“青山处处埋忠骨”的豪情，诠释了中华儿女内心深处质朴而深沉的家国情怀。

我们有幸生活在这样一个伟大的时代，但我们一定要知道哪有什么岁月静好，是无数革命先烈为我们抛头颅、洒热血才换来了今天的山河无恙。

疫情就是命令，防控就是责任。面对新冠疫情多点暴发态势，我们总书记一声号令，无数白衣天使便逆行而上，那一幕幕感人至深的场景、一次次心手相连的接力、一个个义无反顾的身影，无不彰显着人间大爱。向最美逆行者致敬！为最美逆行者点赞！

青春孕育无限希望，青年创造美好明天。作为新时代的青年一代，我们必须不忘初心跟党走，勇毅前行开新局，用心、用情、用力解决人民群众急难愁盼问题，做到常掸思想尘、常破心中贼，心有所畏、言有所戒、行有所止，做一个一尘不染、一身正气、一心为公的人，以优异成绩向党的二十大献礼！

我的演讲结束，谢谢考官！

★日积月累

1. 那一幕幕感人至深的场景、一次次心手相连的接力、一个个义无反顾的身影……

2. 青春孕育无限希望，青年创造美好明天。

二十五、良法善治

● 有这样四句话：公生明，廉生威；良法善治，民之所向；法乃公器，民为邦本；科学立法，严格执法，公正司法，全民守法。对此，请联系社会实际谈谈你的理解。

法者，治之端也。党的二十大报告强调：严格公正司法……深化司法体制综合配套改革，全面准确落实司法责任制，加快建设公正高效权威的社会主义司法制度，努力让人民群众在每一个司法案件中感受到公平正义。题干中的四句话均为良法善治的经典名句，能够引领社会公平正义，对此我们要认真领会、学习践行。

公生明，廉生威。这是明清官吏引以为鉴的一则座右铭，意思是：为官应清正廉明且刚直不阿，为官公正才能使政治清明，为官清廉才能在百姓之中树立威信。在当代，领导人强调这是对全体党员干部的基本要求和殷殷嘱托。

良法善治，民之所向。何谓良法？即捍卫人们的权利和自由，防止暴政，制裁犯罪，维护正义的法律。一般来说，良法应具备七个特点，即普遍性、明确性、统一性、稳定性、先在性、可行性、公开性。这七个特点如果用一个词来形容，则是公平！

法乃公器，民为邦本。意指法律是公众理应掌握的利器，人民是国家不断发展的根本。重点在于立足以法为基的依法治国，突出人民群众的主体地位，依法保障人民群众的合法权益，满足人民在民主、法治、公平、正义等方面日益增长的需求，这些也是人民对美好生活的真实向往！

科学立法，严格执法，公正司法，全民守法。这是我国推进依法治国建设的十六字方针。法立，有犯而必施；令出，唯行而不返。我们要共同推进依法治国、依法执政、依法行政，实现法治国家、法治政府、法治社会一体推进，建设中国特色社会主义法治体系，建设社会主义法治国家。

立善法于天下，则天下治；立善法于一国，则一国治。我们要以这四句话为座右铭，做到尊法、学法、守法、用法，使公平正义在全社会蔚然成风，实现良法与善治有机融合。

★日积月累

1. 法者，治之端也。
2. 公生明，廉生威。
3. 立善法于天下，则天下治；立善法于一国，则一国治。
4. 法立，有犯而必施；令出，唯行而不返。
5. 法令既行，纪律自正，则无不治之国，无不化之民。
6. 天下之事，不难于立法，而难于法之必行；不难于听言，而难于言之必效。

二十六、人才培养

● 目前政府在搞人才计划，从高中就开始搞招录培养，有人说好，也有人说从高中就开始培养会影响未来发展。对此你怎么看？

人人皆可成才，人人尽展其才。人才是发展的第一资源，在着力推进人才强国战略实施的背景下，人才培养是关键之举。从高中开始招录培养，有人赞成，有人反对，对此，我持肯定态度。

盖有非常之功，必待非常之人。党的二十大报告指出：全面提高人才自主培养质量，着力造就拔尖创新人才，聚天下英才而用之。我认为我们需要从多个角度来看待“人才计划”。

1. “人才计划”有利于强国建设。从高中就开始招录培养可以提前发现和培养具有潜力的人才，有利于培养更多有专业知识和技能的人才。这种做法可以确保人才培养有的放矢，有助于提高国家的科技创新能力和核心竞争力。

2.“人才计划”需要在创新中发展。人才计划一直在路上，并且不断创新。邓小平同志曾在全国科学大会上指出“在人才的问题上，要特别强调一下，必须打破常规去发现、选拔和培养杰出的人才”。我们要实施人才计划，并不断完善人才计划。

3.“人才计划”需要多元化模式探索。任何革新都会经历一个从青涩到成熟的过程，人才培养同样如此。受传统教育固化模式的影响，在人才培养领域确实存在一些问题，比如填鸭式教育、创新力不足等。当下想要创新，确实会让人担忧改变所带来的一系列问题。我认为要想解决这一问题，我们要循序渐进地推进，可以先试点，待大家足够了解、制度足够完善后再逐步推广。

功以才成，业由才广。“人才培养”，“人”在前，“才”在后。群众之所以担心该举措容易对孩子的成长产生负面影响，是因为孩子在高中阶段身心发展还不成熟，给孩子贴上“人才”的标签后，来自社会的压力、诱惑等都会加大，孩子的心理容易受到影响，一旦遭遇挫折，容易对自己产生质疑。才者，德之资也；德者，才之帅也。我国对人才的要求一直是“德才兼备，以德为先”，因此，“德才计划”切不可急于求成，仍需遵循教育的规律，尊重每一个孩子的特性，重视孩子心理健康和修养。

★日积月累

1. 盖有非常之功，必待非常之人。
2. 功以才成，业由才广。
3. 才者，德之资也；德者，才之帅也。
4. 人人皆可成才，人人尽展其才。

二十七、家风家训

● 俗话说“栽什么树苗结什么果，撒什么种子开什么花”，父母的言行举止会潜移默化地影响孩子们的成长。谈谈你对家风建设的看法。

积善之家必有余庆，积不善之家必有余殃。家风家训作为传承中华文明的载体，润物无声地影响着人们的心灵，对涵养社会主义核心价值观具有启迪作用。家庭是社会的基本细胞，是人生的第一所学校。父母是孩子的第一任老师。孩子们自牙牙学语起就开始接受家教，有什么样的家教，就有什么样的人。因此，父母的言行举止会潜移默化地影响孩子们的成长，我们必须重视家风建设。

爱子，教之以义方。党的二十大报告强调：加强家庭家教家风建设……推动明大德、守公德、严私德，提高人民道德水准和文明素养。千百年来，中华优秀文化通过一代代家庭长辈的言传身教和家风传承，深入每个中国人的血脉。家庭的文明进步关系到整个社会文明程度的提高。自古以来，“家和万事兴”深深根植于中华民族的文化传统中。良好的家教家风使人向上向善：孔子庭训“不学礼，无以立”，诸葛亮诫子“静以修身，俭以养德”，岳母刺字激励精忠报国，朱子家训“恒念物力维艰”……生动的家训故事、深刻的家教箴言，映照着言传身教的优良传统，承载着祖辈对后代的寄望，培厚了孩童的精神沃土。

家风正，则民风淳；家风正，则政风清；家风正，则党风端。习近平总书记在同全国妇联新一届领导班子集体谈话时强调，“家庭是社会的基本细胞，千千万万个家庭的家风好，子女教育得好，社会风气好才有基础。”推动家庭、家教、家风建设高质量发展，应以社会主义核心价值观为引领，升华爱国爱家的家国情怀、建设相亲相爱的家庭关系、弘扬向上向善的家庭美德、体现共建共享的家庭追求。推动家庭、家教、家风建设高质量发展，还要强化制度保障。一方面，要加快推动家庭教育立法进程，不断完善维护家庭成员合法权益、促进家庭功能发挥的法律体系。另一方面，各地相关部门要充分认识家庭、家教、家风建设的重要性，切实负起政治责任和领导责任。

★日积月累

1. 慈母手中线，游子身上衣。临行密密缝，意恐迟迟归。谁言寸草心，报得三春晖。

2. 爱子，教之以义方。

3. 积善之家必有余庆，积不善之家必有余殃。

二十八、“三农”问题

● 领导人在中央农村工作会议讲话中强调：坚持把解决好“三农”问题作为全党工作的重中之重。对此，请谈谈你的理解。

粮安天下，农稳社稷。领导人在中央农村工作会议上讲的这句话强调了“三农”问题在我党工作中的重要地位，并且为脱贫攻坚成果的巩固和今后乡村振兴的持续推进划出了重点。

中国人的饭碗任何时候都要牢牢端在自己手中，饭碗主要装中国粮。党的二十大报告指出：全面推进乡村振兴，坚持农业农村优先发展，巩固拓展脱贫攻坚成果，加快建设农业强国，扎实推动乡村产业、人才、文化、生态、组织振兴。因此，基层干部必须以“三农”问题为抓手，开展好各项工作。

1. 提高“三农”工作的重要地位。自古以来，我国就是一个农业大国，农业基础强不强、农村发展好不好、农民收入多不多，事关我国民族复兴进程。“三农”问题解决好了，老百姓最受益，乡村全面振兴战略的实施才得以有力推进。

2. 兼顾党和“三农”的关系。民惟邦本，本固邦宁。我们党来自人民、植根人民，始终坚持一切为了人民、一切依靠人民。党成立后，党与人民建立起了深厚的鱼水之情；新时代，我们仍要牢牢把握这种深厚感情与执政理念。解决好“三农”问题可以拉近党和人民的关系。

3. 乡村全面振兴的新要求。当前的任务是不断巩固拓展脱贫攻坚成果，针对“三农”问题精准施策，深入推进乡村全面振兴。实现中华民族的伟大复兴，全国是“一盘棋”，农村是最基础的环节，也是任务最艰巨繁重的地方，我们要服务好“三农”，解决好“三农”问题。

仓廪实，天下安。作为新时代新农人，必须把“米袋子”抓得牢，“菜篮子”拎得稳。为此要做到：

1. 拧紧思想之弦。加强中央一号文件精神学习，明确实施乡村全面振兴任务的要求，做到撸起袖子加油干，越是艰险越向前。确保 18 亿亩耕地不变，农田就是农田，而且必须是良田。

2. 持续精准施策。强化政治责任，落实好党政同责；落实藏粮于地、藏粮于技战略；加强产业和就业帮扶，确保不发生规模性返贫；要聚焦产业促进乡村发展，深入推进农村一二三产业融合，大力发展县域富民产业，推进农业农村绿色发展，让农民更多分享产业增值收益；深入优化、调整帮扶政策，持续推进“三农”问题中的粮食安全、品牌打造、标准化生产等核心问题的解决。

★日积月累

1. 粮安天下，农稳社稷。

2. 猗猗嘉禾，今盈我仓。粮丰农稳，盛世和安。

3. 中国人的饭碗牢牢端在自己手中。

4. 仓廪实，天下安。

二十九、新质生产力

● 整合科技创新资源，引领发展战略性新兴产业和未来产业，加快形成新质生产力。请结合我国实际，谈谈你对新质生产力的理解。

科技是第一生产力，人才是第一资源，创新是第一动力。新质生产力有别于传统生产力，涉及领域新、技术含量高，依靠创新驱动是其中的关键。新质生产力代表一种生产力的跃迁，它是科技创新在其中发挥主导作用的生产力，高效能、高质量，区别于依靠大量资源投入、高度消耗资源能源的生产力发展方式，是摆脱了传统增长路径、符合高质量发展要求的生产力，是数字时代更具融合性、更体现新内涵的生产力。对此，习近平总书记指出，积极培育新能源、新材料、先进制造、电子信息等战略性新兴产业，积极培育未来产业，加快形成新质生产力，增强发展新动能。

新质生产力的提出，不仅意味着以科技创新推动产业创新，更体现了以产业升级构筑新竞争优势、赢得发展的主动权。其特点是创新，关键在质优，本质是先进生产力。

1. 形成新质生产力，要依托科技创新。从人工智能、工业互联网到大数据，综观近年来全球经济增长的新引擎，无一不是由新技术带来的新产业，进而形成的新质生产力。新一轮科技革命和产业变革与我国加快转变经济发展方式形成历史性交汇，面向前沿领域及早布局，提前谋划变革性技术，夯实未来发展的技术基础，是不容错过的重要战略机遇，是抢占发展制高点、培育竞争新优势的先手棋。

2. 形成新质生产力，关键在培育形成新产业。经济发展从来不靠一个产业“打天下”，而是百舸争流、千帆竞发，主导产业和支柱产业在持续迭代优化。光伏、新能源汽车、量子信息……这些促进当前经济增长的重要引擎，都是从战略性新兴产业发展而来。当前，我国科技支撑产业发展能力不断增强，为发展未来产业奠定了良好基础。例如“十四五”规划和2035年远景目标纲要提出，在量子信息、基因技术、氢能与储能等前沿科技和产业变革领域，谋划布局一批未来产业。

劈波斩浪，奋楫前行，唯有突破。新质生产力，“新”是加速突破的锋刃，“质”是持续突破的基底。在激烈的国际竞争中，我们要开辟发展新领域、新赛道，塑造发展新动能、新优势，从根本上说，还是要依靠科技创新。聚焦源头性技术储备，聚力培育未来产业，加快形成新质生产力，加速科技成果向现实生产力转化，让高质量发展新引擎层出不穷、磅礴澎湃。

★日积月累

1. 科技是第一生产力，人才是第一资源，创新是第一动力。

2. 积极培育新能源、新材料、先进制造、电子信息等战略性新兴产业，积极培育未来产业，加快形成新质生产力，增强发展新动能。

三十、能力建设

● 有人说，工作中有三种能力非常重要，一是表达疑问的能力，二是学会反驳的能力，三是懂得提出问题的能力。请结合自身和所报考的岗位，谈谈你的看法。

善学者尽其理，善行者究其难。表达疑问的能力、学会反驳的能力、懂得提出问题的能力，对于工作来说都很重要。表达疑问的能力帮助我们改善工作质效；学会反驳的能力让我们运用辩证思维去分析问题，把工作做得更全面；懂得提出问题的能力使我们及时发现问题，对工作加以改进。这三种能力要求我们在工作中必须突破旧的樊笼，走出舒适区，凡事要多想想为什么，尽量以全面辩证的理性思维去看待问题，遇到问题就要发扬一种追根溯源的劲头，打破砂锅问到底，不稀里糊涂、得过且过。这样，我们才能不断地提高工作质效，提升自身工作能力。

吾日三省吾身。然而，现实工作中还有很多事不关己、高高挂起的自私行为，比如对自己的工作能力和效果安于现状、故步自封、沾沾自喜，不去反省自己还有没有进步空间，当“躺平”先生；比如一些工作的方式方法效果不佳，却不敢反驳去加以改进，导致工作效率低下；比如有的人坐在办公室里遇到问题，不去真正深入基层群众生活，无法发现问题，不为群众做实事。

能力是一个人的基石，是实现梦想的前提。对于每一个职场人来说，这三种能力必不可少，我们要不断提高这三种能力。在今后的工作中，我将不断加强质疑反思、反驳、提出问题的能力，努力使工作更加全面、完善，更好地服务群众，使群众的生活更方便、更幸福。

★日积月累

1. 善学者尽其理，善行者究其难。
2. 吾日三省吾身。
3. 能力是一个人的基石，是实现梦想的前提。

三十一、“双碳”政策

● 近年来，我国先后成立碳达峰碳中和工作领导小组，印发《2030年前碳达峰行动方案》，发布能源、工业、建筑、交通等重点行业的实施方案，全国两会上“双碳”再次成为热点话题。对此，你怎么看？

绿水青山就是金山银山。习近平总书记指出：“推进碳达峰碳中和是党中央经过深思熟虑作出的重大战略决策，是我们对国际社会的庄严承诺，也是推动高质量发展的内在要求。”近年来，我国陆续出台多项生态保护措施，反映了我国坚持绿色低碳的发展道路，符合建设美丽中国的发展目标，更是应对全球气候变暖，体现大国担当的表现。

环境就是民生，青山就是美丽，蓝天也是幸福。推行“双碳”政策对我们的生产生活具有重大意义和深远影响。

1. 推动绿色低碳生活。引导全民节约用能，倡导绿色低碳消费，培养形成健康绿色的生产生活方式。

2. 促进企业转型升级。倒逼高耗能企业自觉践行“双碳”才能让企业转型升级，遏制住盲目发展势头，促使企业引进和使用节能减排新技术，让企业迸发新活力。

在采取一系列“双碳”政策或措施的同时，我们也面临一些困境，如实施压力大、发展任务重等。

尊重自然、顺应自然、保护自然。我们必须采取有效对策去实现“双碳”目标：

1. 政府加强监管。鼓励企业减污降碳，对违规企业进行处罚。定期或不定期到企业中进行督查，引导企业绿色发展。

2. 群众积极参与。通过宣传引导，让“双碳”理念深入人心，引导群众绿色低碳生活，多使用节能环保材料等。

3. 企业要有社会责任感。企业要践行新发展理念，进行技术升级，大力发展清洁能源，节能减排，降本增效。

在未来，我们需要不断更新发展理念，因地制宜地制定政策和行动方案，统筹落实“双碳”目标，同时要根据每个阶段的发展情况不断完善相关细则、措施，让政策助力“双碳”目标顺利实施。

★日积月累

尊重自然、顺应自然、保护自然。

三十二、直播带货

● 现如今，网络直播带货流行，一些基层干部，甚至县长、局长等，纷纷帮助村民进行带货。对此，请谈谈你的看法。

曾经的世界很大，穷目所及，无边无际，而如今的世界很小，小到能把它藏进一部小小的手机、放入口袋。互联网的迅猛发展催生了网络直播带货，网络直播带货能够给乡村振兴注入不竭动力，一些基层干部，甚至县长、局长，纷纷帮村民带货，解决了农产品销路问题，提高了村民收入，增加了就业机会，更能带动农村集体经济发展。这种做法值得肯定。

“县长没有县长的样子，但这就是我们为农服务的样子”“欢迎来到直播间，点击关注不迷路，主播带你上高速”……直播带货能够拓宽人民群众增收致富的渠道，享受互联网时代的红利；干部的参与则体现了人民至上的公仆情怀，展现了基层干部能作为、敢作为、善作为的良好形象，拉近了干群间的距离。但是直播带货也存在一定的问题，如商品质量无法保证、缺乏售后服务等。

1. 商品质量无法保证。有些主播夸大商品功效，甚至销售伪劣产品，欺诈消费者。

2. 缺乏售后服务。直播带货很少考虑售后服务问题，消费者在购买过程中很少考虑售后服务和退货换货政策，一旦出现问题就难以解决。

只有多措并举，才能真正让互联网的红利惠及农民，切实为农民的农产品拓宽销路。为了有效帮助村民带货，我认为需要多方面共同努力。

1. 塑造农产品品牌，提升品牌意识，开发绿色有机无公害产品，深入挖掘产业链。

2. 学习先进种植养殖技术，以先进技术为产品质量保驾护航。

3. 与短视频平台、当地网红、有流量的主播达人等专业人士进行合作，可以提高销售量。

4. 加强基础电商培训，积极培养本土优秀的专业直播达人。

5. 在组织批准的前提下，鼓励基层干部积极为农产品代言。

6. 对带货商品严加审核，谨防出现产品质量问题，并对售后进行全方位追踪。

★日积月累

1. 没有规矩，不成方圆。

2. 欢迎来到直播间，点击关注不迷路，主播带你上高速。

3. 县长没有县长的样子，但这就是我们为农服务的样子。

三十三、“村 BA”联赛

● 贵州省黔东南苗族侗族自治州台江县台盘村的乡村篮球赛火爆出圈。这场赛事在农村露天场地举行，没有门票，球员都是当地村民，连奖品都是鱼、鸭等地方农产品，村味十足，网友把它称为“村 BA”。对此现象你怎么看?

民族要复兴，乡村必振兴。“村 BA”联赛火爆出圈的背后，是人民对美好生活的向往。在脱贫攻坚成果与乡村全面振兴战略有效衔接政策的引导下，台盘村打造了独具特色的贵州样板，此典范值得各地学习借鉴和复制推广。

乡村全面振兴，既要塑形，也要铸魂。“村 BA”联赛不仅传承了优秀民族文化，还树立了民族文化自信，有其积极丰富的文化意蕴。

1. 以“村 BA”联赛促群众健身。“村 BA”在乡村一线超燃开赛，吸引老少中青人群积极参与其中，达到健身强体目的，丰富了村民的文体生活。

2. 以“村 BA”联赛促文旅发展。追逐激情与梦想，共赴“诗与远方”。“村 BA”联赛让许多人领略了当地的特色文化，感受到十足的乡土风情，游客慕名前来“打卡”，又带动了文旅产业的高质量发展。

3. 以“村 BA”联赛促乡村振兴。脱贫摘帽不是终点，而是新生活、新奋斗的起点。借助篮球赛事，让体育、文旅、农业等多业态融合发展，进一步为推进乡村振兴注入了活力。

看似寻常最奇崛，成如容易却艰辛。做好“村 BA”联赛这篇大文章，我们必须努力做到：

1. 完善配套设施。政府应加大资金等政策扶持力度，逐步完善道路、场地、景点等配套设施，为赛事“出圈”打下坚实基础。

2. 打造地方特色。文旅、民政等部门联动，深挖地方文化、产业特色等优势，打造独具匠心的特色品牌，让原汁原味的体育赛事永远姓“村”。

3. 借助新媒体手段。充分发挥互联网的传播优势，利用短视频、网络直播等新媒体手段吸引更多流量。

★日积月累

乡村全面振兴，既要塑形，也要铸魂。

三十四、家政服务

● 近年来，受老龄化程度不断加深、居民生活节奏加快等多重因素影响，公众对家政服务的需求明显增加，家政服务业成为具有万亿级市场规模的行业。然而，现阶段该行业存在入行门槛普遍较低、高水平高素质人才较少、从业人员流动性大等问题，整体服务质量有待提升，市场需求与行业供给能力并不匹配。对此，你怎么看？

服务无处不在，生活更加精彩。习近平总书记说：“家政服务大有可为，要坚持诚信为本，提高职业化水平，做到与人方便、自己方便。”家政服务业是民生行业，着力破解发展瓶颈，推动家政服务提档升级，能够更好地发挥促消费、惠民生、稳就业等多重作用。

优化服务无止境，改进服务无终点。现阶段该行业存在入行门槛普遍较低、高水平高素质人才较少、从业人员流动性大等问题，我们应采取一些举措。

1. 提高供需双方对接率，解决“找到人”的问题是当下家政服务业发展的关键。目前，一些家庭难以找到经验丰富的家政服务人员，一些能力突出的家政服务人员却不知道哪里有雇主。对此，需要创新信息发布形式，拓宽招聘渠道，努力消除供需双方信息差。例如商务部举办直播招聘活动，打破地域局限，扩大招聘范围，将招聘信息传播到更广泛的群体中，方便供需双方对接。

2. 做好人才储备“大文章”，促进家政服务量质齐升。各地应立足本地实际，探索多元化家政服务人员培训机制，科学优化家政技能培训手段，提升从业人员整体素质。同时，家政服务业要推动行业标准建设，研究制定相关职业能力等级制度，形成行业统一规范，促进不同类别、不同层次家政服务人员“持证上岗”，凭证获得与职业能力相匹配的收入，精准满足不同用户群体需求。

优质服务，全新呵护。如何推动家政服务提档升级？这就需要坚持标准化、品牌化、法治化发展思路。一方面，积极开展家政服务行业典型案例宣传和推广，及时总结行业内好经验、好做法，打造具有特色、影响力大、用户口碑好的家政服务品牌。如打造以“诚信、淳朴、勤劳、专业”为理念的家政服务品牌。另一方面，相关部门要完善政策措施、增强监管执法能力，确保从业人员依法享受社保、意外保险等应有权益，协助从业人员依法维权，使家政服务人员的获得感、幸福感、安全感更加充实、更有保障、更可持续。

★日积月累

1. 服务无处不在，生活更加精彩。

2. 优质服务，全新呵护。

三十五、检视反省

● 习近平总书记强调，历史是一面镜子，小事小节是一面镜子，促进社会公平正义、增进人民福祉是一面镜子，要求我们要经常照照镜子。对此，你怎么看?

以铜为镜，可以正衣冠；以史为镜，可以知兴替；以人为镜，可以明得失。习近平总书记强调，历史是一面镜子，小事小节是一面镜子，促进社会公平正义、增进人民福祉是一面镜子。以“照镜子”的形象表述阐发共产党人加强自身修养、提升治国理政能力水平的内涵要义，对于新时代领导干部加强自身建设、做好党和国家各项工作提供了重要方法论指导。

祸患常积于忽微，而智勇多困于所溺。对于题干中深刻的寓意表述，我有以下几个方面的论证：

第一，历史是一面镜子。这告诉我们：历史是人类经验的积累和智慧的结晶。以史为镜，不仅要求党员干部做到对党的百年奋斗史了然于胸，还要求党员干部在回顾百年党史的基础上，充分汲取历史经验，提高历史见识，把握历史规律，增强历史自觉。我们要警惕历史上的错误和教训，避免重蹈覆辙，在汲取和总结党的实践经验的基础上，激励自身增强使命意识、责任意识、进取意识，为中国实现现代化，实现中华民族伟大复兴接续奋斗。

第二，小事小节是一面镜子。这提醒我们：细节决定成败。在日常生活中，我们往往忽视了小事小节的重要性，但它们却往往能够反映出一个人的品质和修养。于细微之处见精神，于细微之处见品格。小事小节虽“小”，却能见维护人民群众利益之“大”。群众利益无小事。群众的一桩桩小事，融汇成国家、集体的大事，小事处理得好，大事才能守得住民心。小事小节虽“小”，也能见加强党的作风建设之“大”。比如，工作中有些人可能对于一些细节问题不够重视，导致整个工作出现漏洞和失误，这样的例子不胜枚举。党员干部在小事小节上出现问题，损害的是党的形象和党的威信，会严重侵蚀党的执政根基。“不矜细行，终累大德。”广大党员干部要牢记“堤溃蚁孔，气泄针芒”的古训，坚持从小事小节上加强修养，从一点一滴中完善自己。

第三，促进社会公平正义、增进人民福祉是一面镜子。这督促我们：牢记根本宗旨和使命。我们党自诞生以来，就把为中国人民谋幸福、为中华民族谋复兴当作初心使命，在革命、建设和改革的不同时期，都始终把人民对美好生活的向往作为我们的奋斗目标。我们要审视各方面体制机制和政策规定，哪里有不符合促进社会公平正义的问题，哪里就需要改革；哪个领域哪个环节问题突出，哪个领域哪个环节就是改革的重点。我们必须以促进公平正义、增进人民福祉为镜，将其作为检验我们各项决策部署、各项工作成效的根本标准。比如，推进教育公平，让每个孩子都能享有平等的教育机会；在医疗领域，让人民群众能够享受到更好的医疗服务；等等。

风起于青蘋之末，浪成于微澜之间。展望未来，我们将以这些“镜子”为指引，警惕历史上的错误和教训，避免重蹈覆辙；从“小事”着眼，以“小节”正身，做到小事不糊涂、小节不失范，筑牢思想道德和党纪国法两道防线；要坚持权为民所用、利为民所谋，做到不义之财不取、不正之风不沾、不法之事不干；要净化生活圈、朋友圈，做到“心不动于微利之诱，目不眩于五色之惑”。同时还要审视我们各方面体制机制和政策规定，以中国式现代化推进强国建设、在民族复兴的新征程中贡献自己的不竭力量。

★日积月累

1. 以铜为镜，可以正衣冠；以史为镜，可以知兴替；以人为镜，可以明得失。

2. 祸患常积于忽微，而智勇多困于所溺。

3. 于细微之处见精神，于细微之处见品格。

三十六、移风易俗

● 当前，农村“天价彩礼”、酒席喜宴大操大办与铺张浪费等现象十分严重。对于这种现象如果领导让你负责组织举办“移风易俗”系列宣讲会活动，你会如何组织?

顺社会发展之势，应群众呼吁之声，行移风易俗之举。推进移风易俗是发展现代化建设的必由之路。然而当前农村中还存在“天价彩礼”、酒席喜宴等大操大办与铺张浪费的陋习，这与和美乡村发展建设格格不入。因此，我们必须坚决遏制农村“天价彩礼”、酒席喜宴大操大办与铺张浪费等乱象，革除农村陈规陋习刻不容缓，势在必行。

移风易俗功在当代，利在千秋。对于这种现象，如果领导安排让我负责组织举办“移风易俗”系列宣讲会活动，我会从以下几个方面开展工作：

1. 成立机构，组织培训。针对农村“天价彩礼”、酒席喜宴大操大办与铺张浪费等现象，专门成立“移风易俗”宣讲小组，加强对宣讲人员培训，确保宣讲的有效性和针对性。

2. 调查研究，做好准备。深入农村调研有关“天价彩礼”、大操大办喜宴等典型案例及其形成的历史原因等。精心做好条幅、海报等准备宣传的各项工作，依托典型案例编排成相声小品和情景剧让工作人员反复排练，并预先邀请相关专家，做好宣讲前的各项准备工作。

3. 组织宣讲，确保实效。通过形式多样且人们喜闻乐见的活动开展移风易俗的宣讲。包括：邀请专家赴现场组织开展专题宣讲会，重点讲解移风易俗的必要性，鼓励村民转变传统观念；宣讲会结束后引导村民签订《移风易俗承诺书》；同时辅以编排歌曲、小品、情景剧等方式在农村进行巡回演出；等等。

4. 总结活动，建立机制。本次宣讲活动结束之后，我还要及时对宣讲工作的落实情况进行全面总结，包括取得的经验做法和存在的不足之处等，并把宣讲过程中拍摄的图片资料、视频录像进行整理，并借助微信、微博、抖音等媒介进行宣传。同时向领导积极建议此类宣讲活动保持常态化开展；将推进移风易俗纳入村干部考核当中，发挥好考核的“指挥棒”作用。

移风易俗，移的是不正之风，易的是不良之俗，注入的是文明力量，受益的是人民群众；真正让人民群众在法的约束下和德的感召下，成为移风易俗的踊跃参与者和积极倡导者。

★日积月累

1. 顺社会发展之势，应群众呼吁之声，行移风易俗之举。

2. 移风易俗，移的是不正之风，易的是不良之俗，注入的是文明力量，受益的是人民群众。

3. 移风易俗功在当代，利在千秋。

三十七、枫桥经验

● 党的十八大以来，习近平总书记多次作出重要指示，要求在社会基

层坚持和发展新时代“枫桥经验”。对此，请谈谈你的看法。

郡县治，天下安。党的十八大以来，习近平总书记从新时代治国理政全局和推进社会治理能力现代化的战略高度，多次就坚持和发展好“枫桥经验”作出重要指示，赋予其新的时代内涵。“枫桥经验”在传承中发展、在发展中创新，成为展示“中国之治”的一张金名片。我们要坚持和发展好新时代“枫桥经验”，必须树立大抓基层的鲜明导向，推动社会治理重心向基层下移。

甲子飞逝如白驹过隙，“枫桥经验”仍历久弥新。近年来，随着社会发展的日益加快，社会也出现了一系列新问题新情况，急需用好新时代“枫桥经验”这一重要法宝。党的二十大报告提出，要在社会基层坚持和发展新时代“枫桥经验”，完善正确处理新形势下人民内部矛盾机制，及时把矛盾纠纷化解在基层、化解在萌芽状态。我国发展进入战略机遇和风险挑战并存、不确定难预料因素增多的时期，社会矛盾纠纷发现、防范、处置的难度加大。物质生活水平的提高，促使人们对美好生活的需要与日俱增，对收入、住房、医疗、教育、法治、公平等方面的诉求也更加多元化。

治国犹如栽树，本根不摇则枝叶茂荣。坚持和发展新时代“枫桥经验”，必须立足基层，最大限度把人民群众反映的各类矛盾问题解决在当地。

1. 建强基层战斗堡垒。基层党组织是源头化解矛盾纠纷的战斗堡垒。要健全基层党组织工作体系，推动基层党的组织和工作全覆盖，选优配强基层党组织书记，持续增强基层党组织在群众中的感召力、影响力。

2. 彰显干群法治思维。提升干群的法治应用能力，坚决做到有法可依、有法必依。探索创新，把非诉讼纠纷解决机制挺在前面，坚决把矛盾纠纷化解在基层。广泛开展普法工作，提升群众法治意识，营造尊法学法守法用法的社会氛围。

3. 规范基层平台建设。结合各层级不同情况，明确综合治理中心等矛盾纠纷多元化解平台功能，完善工作运行机制。将科技创新与基层治理有效结合，充分利用大数据、算力等高科技手段，搭建信息治理平台，完善网格化治理。

4. 形成多元主体治理格局。以政府为主导，注重社会参与，健全共建共治共享的社会治理格局，充分发挥社会各方力量。发挥党员先锋模范作用，落实报到制度；采取奖励的方式，动员群众参与治理，调动群众参与热情，充分激发社会多主体的参与活力。

治国安邦，重在基层。坚持和发展好新时代“枫桥经验”，必须在新时代伟大实践中不断丰富和创新发展，焕发出新的生机活力，展现出破解治理难题的思想伟力，使社会治理成效更多、更公平地惠及全体人民。

★日积月累

1. 郡县治，天下安。

2. 甲子飞逝如白驹过隙，“枫桥经验”仍历久弥新。

3. 治国犹如栽树，本根不摇则枝叶茂荣。

4. 治国安邦，重在基层。

三十八、专项整治

● 近期，各社区开展“飞线充电 入户充电”专项整治工作。但是近期依然接到很多群众举报反映“飞线充电”的乱象仍然存在且较为严重。对此，领导安排你再进行一次飞线专项整治活动，你会如何开展？

安而不忘危，存而不忘亡，治而不忘乱。近年来，由于市民交通出行便利，使得电瓶车数量猛增，进而导致各社区存在一楼大厅及楼层过道电瓶车“飞线充电 入户充电”现象屡禁不止，甚至失火事故频发，为此我们必须敲响警钟，引起高度重视。

祸患常积于忽微，而智勇多困于所溺。为进一步规范管理飞线充电、入户充电违规行为，加强隐患排查，切实有效预防和减少事故发生，确保人民群众生命财产安全，共同维护社区治理，领导安排我再次开展“飞线充电 入户充电”专项整治活动。对此，我们将从以下几个方面开展工作。

1. 制定方案，成立专班。根据领导安排，明确整治活动的主题，制定切实可行的专项整治行动方案，并报领导审批。同时，联系公安、消防、住建及社区等部门，成立专项整治行动领导小组，明确责任分工，确保有序开展专项整治活动。

2. 组织培训，强化宣传。对工作人员进行专业性培训，以人员的专业性确保专项整治工作的针对性和有效性。同时，联合居委会、物业公司等广泛告知居民飞线充电及入户充电的危害，对入户充电、飞线充电、违规停放充电等违规行为开展劝说教育，引导社区居民提高安全意识。组织对各小区加大普法宣传，规范电瓶车停放秩序，向市民发放和张贴《电瓶车安全使用告知书》。

3. 部门联动，开展专项整治。组织对全市各小区开展自查自纠，并将情况上报专项整治小组汇总。然后，联合住建、公安等部门进行地毯式的排查，把握整治行动的具体操作细则，引导村民使用正规充电桩充电，严格按照法律规定执行并体现规范性，做到执法有力度；同时注重执法温度，不以罚代管彰显柔性执法。

4. 及时总结，汇报领导。专项整治工作结束后，及时进行工作总结，包括经验做法、存在问题等形成工作总结并向领导进行汇报，以便领导决策参考。

5. 建立机制，开展“回头看”。针对本次专项整治行动，建立健全专项整治常态化运行机制，定期或不定期开展“回头看”，拓宽投诉或反馈意见建议渠道。同时把本次活动拍摄的图片、视频等资料，利用政府“三微一端”平台进行发布，以便在社会上起到二次宣传的作用，引导广大群众提高安全意识。

禁微则易，救末者难。我们坚信治理电瓶车“飞线充电 入户充电”还须疏堵结合，既要坚持刚性管理，也要使用软约束，刚柔并进，多方合力才能彻底解决根本性问题。

★日积月累

1. 安而不忘危，存而不忘亡，治而不忘乱。
2. 祸患常积于忽微，而智勇多困于所溺。
3. 禁微则易，救末者难。

三十九、AI 技术

● AI 技术广泛应用于各个领域，便利了我们的生活，但是在应用中也存在隐私泄露等隐患。对此，你怎么看?

自兴人工智能，事业如日初升。工业革命的每一次跃迁，都给人们的生产生活方式带来巨大的改变，AI 技术给我们带来诸多便利的同时，也存在包括隐私泄露等一些不容忽视的问题，需要我们理性对待和加以重视解决。

守正人文底线，莫让科技“狂飙”。从人脸识别的逐步应用，到方兴未艾的自动驾驶，人工智能正在越来越多的领域发挥作用。AI 技术是科学技术的进步，能够造福生活，发展趋势不可阻挡。AI 技术是把“双刃剑”，我们需要辩证地对待 AI 技术。

AI 技术的有利因素，主要表现在：第一，提升了人们的生活品质。当下，智能家居的推广使用让人们的双手解放出来，改变了人们的生活状态，如 AI 技术汽车的自动驾驶功能，缓解了人们的生活压力，让出行更加便捷高效。第二，加快提升企业新质生产力。利用AI技术可以分析企业的发展变化、市场的分析与预测等一系列信息，针对企业发展状况提出相应的意见建议，帮助企业加快形成新质生产力。第三，提升政务服务群众满意度。政务服务办事大厅广泛应用AI技术机器人，引导群众办事，还能和群众简单聊天，缓解群众等待的焦躁情绪，提高群众满意度，同时也缓解政务大厅工作人员的紧张压力。

智能应用“出圈”莫“出轨”。AI换脸实施诈骗、AI翻唱明星歌曲、AI“复活”逝者……随着AI技术的不断发展，在网上“克隆”他人的容貌、声音已非难事，相关纠纷也屡见不鲜。霍金曾言：“人工智能的崛起，或成人类史上最伟大的事件，抑或是最糟糕的。”这句话警示我们，面对AI的飞速发展，既要看到其巨大潜力，也要警惕其潜在风险。目前，AI技术尚不成熟，依然存在一些问题不容忽视，主要表现在：第一，造成隐私泄露风险的可能，AI技术包含用户的各种私人信息，一旦泄露，被不法分子利用，一定会给用户造成很大损失。第二，数据分析精确度有偏差。AI技术只是将需手工收集的材料进行快速整理，然后根据已有大数据模型作出判断，而不能根据市场形势作出精准分析。第三，缺少应急处突能力。AI技术绝不像人在遇到突发事故时有及时反应能力，比如自动驾驶失灵会造成车毁人亡，反而使损失更加惨重。

人工智能扬帆起航，技术变革破浪前行。AI技术可能带来一些问题，包括在传播虚假信息、侵害个人信息权益、数据安全等方面，政府需要出台相应举措来规范AI技术的运行。我们主要从以下几方面做起：第一，做好隐私保护。在选择使用AI技术的相关产品时要理性选择，避免盲目跟风，同时要注意保护好个人隐私信息，避免泄露出去；银行、通信等部门也应配合保护好用户信息。第二，加强技术研发与应用。国家扶持AI技术开发研制与应用，尤其在高校开设专门课程，培养AI技术研发人才。第三，媒体正面引导。媒体要多宣传报道AI技术的科教纪录片，多开展AI技术论坛交流，使 AI 技术真正走进人们的日常生活当中。

★日积月累

1. 自兴人工智能，事业如日初升。
2. 守正人文底线，莫让科技“狂飙”。
3. 智能应用“出圈”莫“出轨”。
4. 人工智能扬帆起航，技术变革破浪前行。

四十、书香社会

● 我国是一个拥有丰富文化资源的国家，也在努力打造文化强国的地位。但是近些年来国民阅读率逐年下降，状况堪忧。调查显示中国国民的阅读率已经连续多年下降，如此低的阅读率实在与文化大国的称号不相称。请以“全民阅读”为主题，自拟标题，发表一篇演讲。

各位考官：

大家好！今天，我演讲的题目是“搭建全民阅读平台，凝聚文化强国力量”。

“读万卷书，行万里路”，是中华民族的一个优良传统。习近平总书记指出：“要提倡多读书，建设书香社会，不断提升人民思想境界、增强人民精神力量，中华民族的精神世界就能更加厚重深邃。”众所周知，书籍是人类进步的阶梯，也是精神追求的食粮。阅读决定一个人的修养和格局，关系到民族的素质和力量，影响到国家的前途和命运。阅读是以认知的力量去探测世界的广袤，借伟岸的灵魂来陪伴心灵的成长。一言以蔽之，推动全民阅读是提高国民素养、建设和谐社会、打造文化强国的必由之路。

让阅读成为一种生活习惯。阅读让我们不仅在学习中受益，也在生活中受益。我们在《唐诗》里感受大唐的繁华、时代的变迁；在《平凡的世界》里被少安少平两兄弟不畏生活艰难的故事所打动，激励我们为梦想而奋斗；在《朝花夕拾》里感受鲁迅弃医从文的勇气，鼓舞我们为国家荣辱而奋斗……阅读之于个人，如漫漫人生里的灯盏，照亮奋斗之路；阅读之于社会，如历史进程中的星光，辉映出壮美的文明之虹。正是通过阅读，我们增长了才干，拓宽了视野，提升了能力。

让阅读成为一种文化底蕴。一个国家的国际竞争力和软实力的提升离不开文化底蕴的积淀，也就离不开阅读。党的十八大以来，我国高度重视全民阅读：连续多年的政府工作报告对全民阅读作出部署，“十四五”期间我国将推进“全民阅读”，将全民阅读工程列为国家八大文化重大工程之一，2020 年中宣部印发《关于促进全民阅读工作的意见》，全面指导和部署各地各部门开展全民阅读活动。这些都充分表明，全民阅读已成为一项国家发展战略。阅读是历史的回望、心灵的净化，也是梦想的启示、希望的播撒；是思想的觉醒、精神的刷新，更是文明的接力、文脉的传承。因为阅读，我们不断成为更好的自己；也因为阅读，人类不断创造更美的世界。我们希望通过社会氛围的营造，激发国民阅读热情，传承中华民族优秀文化，增强中国文化软实力。

倡导全民阅读，建设书香社会。世间万物往往纷纭不定，人生在世也难免起起落落，而阅读的陪伴最恒久也最温情。人们总能在阅读中得到慰藉和滋养，收获内心的充实和温暖。中华文化源远流长，书籍就像“文明使者”，从远方而来，带我们了解过去、指引未来。每一个中国人都应打开思想之门，在阅读中遇见更好的自己，助力实现文化强国梦。

★日积月累

1. 读万卷书，行万里路。

2. 阅读是以认知的力量去探测世界的广袤，借伟岸的灵魂来陪伴心灵的成长。

3. 阅读之于个人，如漫漫人生里的灯盏，照亮奋斗之路；阅读之于社会，如历史进程中的星光，辉映壮美的文明之虹。

4. 阅读是历史的回望、心灵的净化，也是梦想的启示、希望的播撒；是思想的觉醒、精神的刷新，更是文明的接力、文脉的传承。

5. 世间万物往往纷纭不定，人生在世也难免起起落落，而阅读的陪伴最恒久也最温情。

6. 倡导全民阅读，建设书香社会。

四十一、意见建议

● 你们单位新进两个同事，小吴作为新同事做了几件事情后就沾沾自喜，引以为荣。而小张作为新同事，遇到事情不敢主动承担任务与责任。你作为他们的同事对他们有什么建议？

水之所以清澈，并不是因为它不含杂质，而在于懂得沉淀。回首当年刚参加工作时的自己，也曾经历工作上取得一些成绩而沾沾自喜，也曾惧怕工作的艰巨复杂而胆怯、畏缩。看到身边的小吴和小张这两位年轻同事，就如同看到了当年的自己，正是由于单位领导和同事的倾力帮助，让自己快速成长，从而少走许多弯路。今天，我应该换位思考、将心比心，在他们成长道路上竭尽全力帮助他们。

平常时候看得出来，关键时刻站得出来，危急关头豁得出来。首先，我会在平时工作中给予全力帮助。出于对两位年轻同事自尊心的保护，开始不会过多给他们提工作建议。经过一段时间熟悉后，我会找机会和他们进行沟通交流。与小吴交流时，我会对他取得的成绩给予肯定，并鼓励他在今后的工作中将好成绩继续保持下去，这样既能体现认同感，增进感情，还能激发小吴对工作的热情。同时，我会建议他把眼光放远，目前领导安排的任务仅是基础性事务，以后可能要处理更为复杂棘手的问题。所以建议小吴要具有空杯心态，多学习、多观察、多思考、多总结，才能独当一面，承担更为艰巨复杂的工作。与小张交流时，我会因材施教，针对他缺乏自信，给予他工作与生活上的关心与帮助，不仅帮他尽快熟悉工作业务和部门间联系，而且在他遇到问题时给予更多鼓励与帮助，以便其能更快独当一面开展工作。

榜样是最好的教科书，模范是最美的风景线。其次，我会以身作则，给他们树立榜样。我会从自身做起，在日常工作中严格要求自己，遵守工作制度，坚持底线和原则，团结同事，重视团队合作。既在工作方法上开拓创新，又能与大家分享经验；既抱有谦卑心态，遇事请教，取长补短，也能在面对困难和挑战时迎难而上，主动请缨。只有这样，我才能给他们走在前、作表率。

众力并，则万钧不足举也。最后，我会建议领导采取以老带新结对帮扶的方式助力两位新人尽快成长成才。同时作为老员工，我会积极主动向两位新人学习新事物、新思路、新方法。我想，只要我们人心齐，就一定能做到无往而不胜。

★日积月累

1. 众力并，则万钧不足举也。
2. 榜样是最好的教科书，模范是最美的风景线。
3. 平常时候看得出来，关键时刻站得出来，危急关头豁得出来。

四十二、银发经济

● 中国已进入老龄社会，在关注人口老龄化问题的同时，随之而产生的专门为老年人消费服务的产业“银发经济”也值得期待。对于发展“银发经济”，请谈谈你的看法？

莫道桑榆晚，为霞尚满天。随着社会老龄化不断加快，“银发经济”应运而生。发展“银发经济”是应对人口老龄化、实现人民对美好生活向往的必然要求，也蕴含着发展新空间。因此，面对“银发经济”的到来，我们应该客观理性地看待，积极应对并推动其高质量发展，既利当前又惠长远。

老吾老以及人之老，幼吾幼以及人之幼。习近平总书记强调：“满足数量庞大的老年群众多方面需求、妥善解决人口老龄化带来的社会问题，事关国家发展全局，事关百姓福祉，需要我们下大气力来应对。”“银发经济”有助于带动相关产业链发展、进一步更新老年人观念，但也存在服务行业对老年人的服务态度不佳、老年人遭受诈骗等困境。

发展好“银发经济”将持续扩大养老产品和服务供给，助力实现老有所养、老有所依、老有所乐、老有所安；为经济高质量发展提供新动力，如《中国老龄产业发展报告》预测，2050 年我国 60 岁以上老年人口的消费市场规模将增长到 106 万亿元；带动相关产业链发展，为老年人提供更多服务性项目，为老年人生活带来诸多便利。

发展过程中也存在一些问题，如未能考虑到不同消费阶层的老人，设置的消费水平不符合老年人需求；服务建设机制不健全；市场规范化程度低等。

养老之要，耳无妄听，口无妄言，身无妄动，心无妄念，此皆有益老人也。为更好保障老年人的权益，推动市场经济健康运转，我们必须多措并举：

1. 加强宣传教育。向老年人进行普法宣传，使其对常见诈骗方式的防范有更深入的了解，增强老年人法治意识。

2. 强化监管引导。对于老年服务和产品中存在虚假信息等应加大惩戒力度，规范市场秩序。

3. 优化消费环境。营造更加安心放心舒心的消费环境，让老年人能消费、敢消费、愿消费，推动“银发经济”蓬勃发展。

4. 推进队伍建设。通过引才、育才、用才等手段，建设一支素质优良、专业卓越、数量充足的养老护理人员队伍，真正满足社会化养老服务需求。

★日积月累

1. 莫道桑榆晚，为霞尚满天。

2. 老吾老以及人之老，幼吾幼以及人之幼。

3. 养老之要，耳无妄听，口无妄言，身无妄动，心无妄念，此皆有益老人也。

四十三、文旅产业

● 继“淄博烧烤”“南方小土豆勇闯哈尔滨”等火热后，甘肃天水“麻辣烫”的话题又刷爆网络，以甘肃天水“麻辣烫”等为代表的城市成为文旅产业消费的典型代表。对此，请谈谈你的看法？

始于“寻味”，兴于“游玩”，成于“文化”。继“淄博烧烤”“南方小土豆勇闯哈尔滨”等火热后，甘肃天水“麻辣烫”的话题又刷爆网络，甘肃天水这座文化底蕴丰厚的古城，有的是劲道的口味、对味的邀约、上头的爱。甘肃天水坚持因地制宜、文化加持，以“文旅＋百业”“百业＋文旅”，把“一时现象”变成“一地品牌”。天水“麻辣烫”走俏，除了本身别具特色还离不开众多网友推荐和当地借势推广。

文化是旅游的灵魂，旅游是文化的载体。党的二十大报告提出，坚持以文塑旅、以旅彰文，推进文化和旅游深度融合发展。甘肃天水“麻辣烫”展示了当地的特色文化，促进当地经济高质量发展。甘肃天水“麻辣烫”

之所以走俏，火爆出圈，其主要原因：

1. 特色优质资源禀赋。甘肃天水独特的地理气候和自然条件造就了别具一格的地方特色，包括独特的民间艺术、独特的饮食文化和丰富的民俗习惯。

2. 互联网络宣传造势。甘肃天水“麻辣烫”充分利用网络平台进行营销推广，通过短视频、直播等方式展示产品吸引大量网友关注和转发，实现品牌的快速传播。

3. 政府助力服务保障。当地政府推出“天水麻辣烫＋”多元服务模式，通过开通专线、更新基础建设、举办“吃货节”、景区优惠政策等举措，为游客提供精细化和人性化的产品和服务。

4. 当地群众热情服务。市民自发免费接送游客、将地方饮食提供给游客品尝，志愿者为排队游客服务，当地人的热情好客让游客感受到温暖。

人间烟火气，最抚凡人心。在新时代背景下，继续做好甘肃天水“麻辣烫”等文旅产业，我们应该采取以下举措：

1. 深入挖掘特色资源。文旅部门结合当地文化和自然资源，进一步挖掘和培育具有当地特色的冰雪旅游产业，加强全域资源的有效利用，不断擦亮城市发展的“金字招牌”，助推文旅事业高质量发展。

2. 创新优化公共服务。完善景区的硬件设施，提高服务质量；完善交通、餐饮、住宿等人性化服务；将“流量”转化为“留量”，将“留量”生成“存量”，让“存量”形成“能量”。

3. 依托网络加大宣传。出圈不易，守圈更难。一些网红出圈后，由于游客承载能力不足、市场服务不规范等问题，出现“红得快、凉得也快”现象。我们必须善用互联网将服务 + 融合宣传，将“走红”变为“长红”。

★日积月累

1. 始于“寻味”，兴于“游玩”，成于“文化”。

2. 文化是旅游的灵魂，旅游是文化的载体。

3. 人间烟火气，最抚凡人心。

四十四、航空航天

● 神舟十三号载人飞行任务圆满成功，创造了中国航天员太空驻留时间新纪录，将“特别能吃苦、特别能战斗、特别能攻关、特别能奉献”的载人航天精神铭刻在了浩瀚宇宙中。对此，谈一谈你的看法。

九霄逐梦再问天，阔步强国新征程。中华民族对无垠宇宙的探索，永无止境。可上九天揽月，可下五洋捉鳖，谈笑凯歌还。“嫦娥”奔月、“北斗”指路、“天问”问天、“祝融”探火、“羲和”逐日……一个个饱含中华民族深厚文化底蕴与文化传承的任务，一次次展示着中国航天勇攀科技高峰的探索成就。可见，载人航天工程是当今世界高新技术发展水平的集中体现，是衡量一个国家综合国力的重要标志，更好开发太空资源为人类造福。正是广大航天员将“特别能吃苦、特别能战斗、特别能攻关、特别能奉献”的载人航天精神铭刻在了浩瀚宇宙中，也正是广大航天工作者的无私奉献精神托起了载人航天的腾飞。

飞天梦永不失重，科学梦张力无限。飞天荣耀挥洒了中国人的豪迈，不断刷新的飞天足迹，彰显了中国航天在创新道路上一往无前的豪迈。载人航天精神具有重要意义：

1. 能吃苦方能攻坚克难。这是苦干实干、坚韧不拔的真实写照。能吃苦体现了艰苦条件下中国航天人从无到有开创航天事业的奋斗意志。一方面，中国航天人以苦干实干的精神完成了短时间内拉平同西方发达国家发展差距的艰巨任务；另一方面，中国航天人以坚韧不拔的精神克服了各项自然和生活条件较差的艰苦环境。

2. 能战斗方能开拓进取。这是敢于斗争、敢于胜利的生动诠释，正如习近平总书记指出“老一代航天人的功勋已经牢牢铭刻在新中国史册上。不管条件如何变化，自力更生、艰苦奋斗的志气不能丢”。能战斗体现了航天人在“特别”的攻坚时刻挺身而出、勇于战斗，才能渡过一次次危机难关，跨过一个个技术鸿沟。

3. 能攻关方能科技创新。这是自立自强、探索创新的现实彰显。习近平总书记强调，“越是伟大的事业，越是充满挑战，越需要知重负重”。我国的载人航天走的是一条完全独立自主的创新之路，飞天征途的每一步都充满艰辛和风险，正是这些航天人勇敢地肩负起攀登航天科技高峰的神圣使命，才将祖国的骄傲和荣光写在浩瀚太空中。

4. 能奉献方能实现价值。这是不计得失、忘我牺牲的具体体现。干惊天动地事，做隐姓埋名人，中国载人航天 30 年来的波澜壮阔凝聚着无数航天人的艰辛与奉献。为了祖国的航天事业，许多人放弃出国发展的机会，舍弃多彩的生活方式、高薪高位而默默地耕耘在不为人知的岗位。在奉献祖国、奉献人民的过程中实现了自己的人生理想和生命价值。

梦想和实干齐飞，奋斗与荣耀一色。新时代，我们应全力践行载人航天精神，努力奔赴属于你我的星辰大海，为自己的梦想奔跑。

1. 发扬吃苦精神。遇到问题要迎难而上、勤于探索，为强国建设、民族复兴积极贡献力量；每一名普通的劳动者都应珍惜自己的工作机会，弘扬工匠精神和劳模精神，不断提高工作效率。

2. 践行奉献精神。作为年轻干部，我们要始终牢记初心使命，要在一言一行中守住底线，在一点一滴中奉献为民。少伏在“案头”，多去“田间地头”，走近百姓身边，多坐群众炕头，用“铁脚板”走出为民服务的“康庄大道”。

3. 勇于创新创造。我们要心怀“国之大者”，接续奋斗，勇于创新，注重发展新质生产力；同时对突破前沿的科技难题要有决心，不断研制出更多的“大国重器”。

★日积月累

1. 九霄逐梦再问天，阔步强国新征程。

2. 飞天梦永不失重，科学梦张力无限。

3. 梦想和实干齐飞，奋斗与荣耀一色。

四十五、就业创业

● 近年来，随着人口规模的扩大和就业市场的变化，就业问题日趋突出。数据显示，2024 届高校毕业生人数为 1179 万，就业难问题依然突出。对此，你怎么看?

就业是民生之本，社会稳定之基。高校大学生就业问题是民生领域的头等大事，党中央和国务院高度重视这项工作。因此，各级政府应积极采取有力措施，拓宽就业渠道，进一步解决就业难问题，切实把确保高校毕业生就业作为稳定就业工作的重中之重。

就业一头连着千家万户，一头连着经济发展。习近平总书记指出，就业是最大的民生工程、民心工程、根基工程，是社会稳定的重要保障，必须抓紧抓实抓好。一段时间以来，各地各有关部门落实就业责任，对高校毕业生顺利就业、尽早就业起到了积极推动作用。但是，随着人口规模的扩大和就业市场的变化，就业问题日趋突出。

1. 产业需求的调整。在当前经济转型期间，不同产业对人才的需求也在调整。一些传统行业的就业机会在减少，而新兴产业的就业机会则在增多。

2. 人才需求的变化。随着技术和知识的不断发展，对人才的需求也在发生变化。传统行业所需要的劳动力往往不需要高学历，但是新兴产业和技术领域的就业机会则需要更高的学历和专业技能。

3. 就业问题的加大。一些与就业相关的问题也在逐渐加大，如高校毕业生人数的逐年增加、就业压力的增大、缺乏劳动力培养机制等。

不畏艰辛，只为明天；不畏挫折，只为前行。政府、社会、企业和个人都应形成合力，解决社会就业难的问题。

1. 畅通就业渠道，加强就业指导。一方面，毕业生离校后，教育系统仍然要做到岗位推送不断线、就业服务不断线、重点帮扶不断线，同时人社部门要做好未就业毕业生的公共就业服务；另一方面，各类社会招聘活动要承接起校园招聘功能，通过大型招聘、直播带岗、网上签约等方式，为求职者提供便利和支持，帮助毕业生增强就业信心，尽早落实去向。

2. 持续关心关注，加强就业帮扶。对于未就业的毕业生，人社部门和教育部门要及时跟踪服务；建立未就业毕业生帮扶台账。此外，各相关部门还应结合各项就业创业扶持政策，根据毕业生的求职条件、就业需求和个人意愿等提供有针对性的帮扶。

3. 树立正确观念，明确职业定位。高校毕业生是国家宝贵的人才资源，是促进就业的重要群体。注重引导高校毕业生坚持自信自立，在平凡的工作中不断积累经验，在日常的实践中不断提升能力，更好绽放青春的光彩。

★日积月累

1. 就业是民生之本，社会稳定之基。

2. 就业一头连着千家万户，一头连着经济发展。

3. 不畏艰辛，只为明天；不畏挫折，只为前行。

四十六、中华民族共同体意识

● 铸牢中华民族共同体意识，关系到中华民族的整体利益和长远发展。对此，谈谈你对这句话的理解？

中华民族共同体意识是国家统一之基、民族团结之本、精神力量之魂。党的十八大以来，我们党强调中华民族大家庭、中华民族共同体、铸牢中华民族共同体意识、推进中华民族共同体建设等理念，鲜明提出把铸牢中华民族共同体意识作为新时代党的民族工作的主线、作为民族地区各项工作的主线。这为当前我们抓好民族工作提供了根本遵循和方向指引。

我们辽阔的疆域是各民族共同开拓的，我们悠久的历史是各民族共同书写的，我们灿烂的文化是各民族共同创造的，我们伟大的精神是各民族共同培育的。习近平总书记强调，“像爱护自己的眼睛一样爱护民族团结，像珍视自己的生命一样珍视民族团结，像石榴籽那样紧紧抱在一起”。全面建成社会主义现代化强国，一个民族也不能少。我国是统一的多民族国家，各民族团结和谐，则国家兴旺、社会安定、人民幸福；反之，则国家衰败、社会动荡、人民遭殃。党中央强调把铸牢中华民族共同体意识作为新时代党的民族工作的主线，是着眼于维护中华民族大团结、实现中华民族伟大复兴中国梦作出的重大决策，也是深刻总结历史经验教训得出的重要结论。

1. 铸牢中华民族共同体意识是“两个结合”特别是“第二个结合”的具体体现，是增进中华民族文化主体性的重要举措，是推动中华文化守正创新的重要支撑，是增强各族群众对中华文化认同的内在要求。

2. 铸牢中华民族共同体意识，有利于开创党的民族工作新局面，巩固和发展平等团结互助和谐社会主义民族关系，维护各民族根本利益，实现中华民族伟大复兴。

国家生于共同体，民族兴盛赖团结；人心齐聚力无穷，民族复兴圆国梦。做好新时代民族工作，必须牢牢把握铸牢中华民族共同体意识这一主线，把民族团结进步事业作为基础性事业抓紧抓好。我们必须做好以下方面：

1. 立足中华民族悠久历史，加强中华民族共同体理论体系建设；

2. 着眼建设中华民族现代文明，不断构筑中华民族共有精神家园；

3. 促进各民族广泛交往交流交融，以中华民族大团结促进中国式现代化；

4. 讲好中华民族故事，大力宣介中华民族共同体意识。

必须通过铸牢中华民族共同体意识，引导各族人民牢固树立正确的国家观、历史观、民族观、文化观、宗教观；增进各族群众对伟大祖国、中华民族、中华文化、中国共产党、中国特色社会主义的高度认同；增强各族群众的国家意识、公民意识、法治意识；不断强化休戚与共、荣辱与共、生死与共、命运与共的共同体理念，使中华民族不断走向认同度更高、凝聚力更强的命运共同体。

★日积月累

1. 中华民族共同体意识是国家统一之基、民族团结之本、精神力量之魂。

2. 国家生于共同体，民族兴盛赖团结；人心齐聚力无穷，民族复兴圆国梦。

四十七、大国工匠

● **习近平总书记在祝贺首届大国工匠创新交流大会举办的贺信中强调，我国工人阶级和广大劳动群众要大力弘扬劳模精神、劳动精神、工匠精神，适应当今世界科技革命和产业变革的需要，勤学苦练、深入钻研，勇于创新、敢为人先，不断提高技术技能水平，为推动高质量发展、实施制造强国战略、全面建设社会主义现代化国家贡献智慧和力量。请你谈一谈对大国工匠精神的理解。**

择一事终一生，不为繁华易匠心。近年来，从“嫦娥”奔月到“祝融”

探火，从“北斗”组网到“奋斗者”深潜，这一系列科技成就、大国重器、每一项超级工程，都离不开执着专注、追求卓越、精益求精的大国工匠。新形势下，大力弘扬工匠精神，做到“干一行，爱一行，钻一行”，努力培养造就更多能工巧匠、大国工匠，是实现高质量发展的重要途径。

干事正当年，不惧岁月长。“大国工匠是我们中华民族大厦的基石、栋梁”，“这是顶梁柱”，2024 年全国两会上，习近平总书记这样点赞大国工匠。他们以十年磨一剑的韧劲，以“一辈子办成一件事”的执着，雕刻着中国制造的精度、高度。工匠精神是热爱、专注、精研和创新的价值观的体现。凡事做到极致，力求每一件事都做到最好，在平凡的岗位上干出不平凡的事情。

1. 大国工匠是推动现代产业转型升级的重要推动力。当前，中国经济已经由高速增长阶段转向高质量发展阶段。劳动力结构优化和素质提升是产业升级的基础，培养和造就更多高技能人才和大国工匠有助于加快推动产业链从中低端转向中高端发展。

2. 大国工匠精神有助于塑造良好的社会风尚。劳模精神、劳动精神、工匠精神都是以爱国主义为核心的民族精神和以改革创新为核心的时代精神的生动体现。大力弘扬大国工匠精神能够激励各行各业的人在全社会营造尊重劳动、崇尚技能、鼓励创造的良好氛围。

心有翼，自飞云宇天际，工匠梦无垠。作为即将入职的大学生，我们要立足本职岗位，发扬好工匠精神，真正扑下身子为人民群众谋福利、办实事。

1. 发扬工匠精神要有坚定的理想信念，立鸿鹄之志。要坚持努力学习，不断增长知识，积极投身伟大斗争、伟大工程、伟大事业、伟大梦想中去。不仅要有丰富的理论知识，还要有实践经验，多去田间地头走一走，真正解决群众急难愁盼的问题。

2. 发扬工匠精神，要培养求真务实作风。始终要牢记“艰难困苦玉汝于成”的道理，用工匠精神踏踏实实地做好每一件事情。例如，“工业维生素”提纯师潘从明在甘肃金川贵金属冶炼厂工作创造的“颜色判断法”，使贵金属的精炼次数比过去大幅缩减，颠覆了沿用30多年的传统精炼工艺；污泥处理大师杨戌雷在上海白龙港污水处理厂成为顶级污泥处理大师，为中国的环境保护守好最后一道防线……我们要学习他们的精神和品质，在平凡岗位上做出不平凡的业绩。

3. 宣传工匠精神，加大人才培养力度。运用线上线下相结合的方式宣传工匠精神，营造全社会尊崇工匠、学习工匠的氛围。完善和落实技术工人培养、使用、评价、考核机制，畅通技能人才职业发展通道，大规模开展职业技能培训，培养更多高技能人才和大国工匠，让人才学有所长、学有所用。

★日积月累

1. 择一事终一生，不为繁华易匠心。

2. 干事正当年，不惧岁月长。

3. 心有翼，自飞云宇天际，工匠梦无垠。

四十八、低空经济

● 近日，“空中出租车”在深圳首飞成功。近两年，“低空经济”快速进入人们的视野：野外遇险有无人机投送物资，重要节庆有无人机表演，无人机播种、撒药遍及大江南北，航拍图、航拍视频屡见不鲜。对此，你怎么看？

天高任鸟飞，创新无极限。当下，“低空经济”成了一个火热的名词，逐渐受到人们的广泛关注。从无人机投送物资到空中出租车首飞成功，低空经济不仅为人们的生活带来了便利，更在某种程度上预示着未来交通和社会发展的新趋势。可以说，低空经济是未来经济，乘政策东风而起，借市场之势直上，低空经济“展翅高飞”，值得期待。

低空经济，是以低空空域为依托，以通用航空产业为主导，涉及低空飞行、航空旅游、支线客运、通航服务、科研教育等众多行业的经济概念，是辐射带动效应强、产业链较长的综合经济形态。2023 年中央经济工作会议指出，打造生物制造、商业航天、低空经济等若干战略性新兴产业。低空经济产业链条长、应用场景丰富，对构建现代产业体系具有重要作用，发展空间极为广阔。

进一步看，中国经济进入高质量发展阶段，亟待以科技创新推动产业创新，加快培育和发展新质生产力，赢得发展主动权。针对传统的地面交通方式，如汽车等，在遇到拥堵路段时，往往限制了人们的出行需求。低空经济则能解决这一难题。例如，深圳至珠海的空中出租车仅需 20 分钟就能到达，缩短了出行时间。在野外遇险时，传统的救援方式往往要耗费大量的时间和精力，无人机投送物资则能在短时间内将救援物资送达现场，为被困人员提供及时援助。此外，无人机播种、撒药等技术的应用，不仅提高了农业生产效率，也降低了人工成本。

“家有梧桐树，凤凰自然来。”近年来，低空经济产业在我国逐渐崭露头角，成为推动经济高质量发展的新动力。然而，随着这一新兴产业的快速发展，也存在法律法规不健全、创新能力不足等一系列问题和挑战。我们应做到以下方面助力低空经济发展：

1. 完善顶层设计。加快建立健全相关法律法规体系，出台无人机管理办法、制定“低空经济”发展战略规划等，为“低空经济”的健康持续发展保驾护航。

2. 丰富应用场景。探索低空物流、低空游览、短途运输、私人飞行等业态发展，强化应急、医疗、政务等领域低空服务的“低空 +”新业态，逐渐使其成为社会生产和人民生活的基本内容，使“低空经济”产业蓬勃发展。

3. 加强技术创新。聚焦低空经济“卡脖子”技术，持续推进科技创新，汇聚力量突破关键核心技术。同时还应创新发展绿色低空经济，实施通用机场节能降碳改造，推动无人机对燃油类有人机的替代，推进绿色发展，实现生产生活方式的绿色转型。

★日积月累

1. 天高任鸟飞，创新无极限。
2. 家有梧桐树，凤凰自然来。

四十九、消防安全

● 近年来，部分农村地区因房屋密集度高，道路条件复杂，缺乏完善的消防基础设施，加上居民防火意识相对薄弱，导致火灾频发且消防救援难度大。为此，多地积极推进农村微型消防站建设，并配备灭火器、安全帽等应急设备，以破解农村消防救援难题。对此，你怎么看?

筑牢生命防线，守护万家平安。党的二十大报告提出，坚持安全第一、预防为主，建立大安全大应急框架，完善公共安全体系，推动公共安全治理模式向事前预防转型。农村地区的消防基础设施相对薄弱，消防力量不足，地处偏远，往往难以及时有效地应对火灾事故。火灾不仅会造成巨大的经济损失，还可能引发社会恐慌和不稳定因素。因此，重视农村消防工作，加强农村消防基础设施建设，提升农村消防安全保障水平，已成为当前亟待解决的重要问题。

消防连万家，平安你我他。建设农村微型消防站，是解决农村消防救援难题的重要举措之一。

1. 建设微型消防站有效缩短了火灾响应时间，能够在火灾初期由农村居民迅速出动，控制火势蔓延，为专业消防救援队伍的到来争取足够的宝贵时间。

2. 微型消防站作为农村地区的消防力量补充，提高了消防覆盖率和应急救援能力，为农村居民提供了更加坚实的安全保障。此外微型消防站的建设还促进了农村居民消防意识的提升，通过日常宣传教育和培训演练，增强了农村居民的防火自救能力。

消防设施别乱动，扑救火灾有大用。在实践过程中，应根据农村地区的实际情况，科学合理地规划微型消防站的布局，确保每个区域都能得到及时有效的消防保障，并为微型消防站配备齐全的消防设备和器材，包括灭火器、消防水带、安全帽等，确保在火灾发生时能够迅速投入使用。同时，还应组建专业的微型消防站队伍，并进行严格的培训和管理，提高消防队员的消防技能和应急处置能力。

★日积月累

1. 消防连万家，平安你我他。
2. 消防设施别乱动，扑救火灾有大用。
3. 筑牢生命防线，守护万家平安。

五十、改革开放

● 近期，党的二十届三中全会召开并审议通过《中共中央关于进一步全面深化改革　推进中国式现代化的决定》，从经济、政治、文化等多方面部署多项改革举措。对此，请谈谈你的看法。

历史的江河奔腾向前，有静水深流，亦有波澜壮阔。近期，党的二十届三中全会在北京召开，审议通过了《中共中央关于进一步全面深化改革　推进中国式现代化的决定》。《决定》既是党的十八届三中全会以来全面深化改革的实践续篇，也是新征程推进中国式现代化的时代新篇，是我们党历史上又一重要纲领性文献。这次会议的举行彰显了以习近平同志为核心的党中央将改革进行到底的坚强决心和强烈使命担当。

发展出题目，改革做文章。矢志复兴的民族，一步步拾级而上。壮阔的复兴航程，标注下又一个崭新的奋斗坐标。恩格斯认为，所谓“社会主义社会”不是一种一成不变的东西，而应当和任何其他社会制度一样，把它看成经常变化和改革的社会。当代中国正在经历着有史以来最为广泛而深刻的社会变革，正在推进中国式现代化这一人类历史上非常宏大而独特的实践创新。其必要性体现为：

1. 凝聚人心、汇聚力量，实现新时代新征程党的中心任务的迫切需要。党的二十大确立了全面建成社会主义现代化强国、实现第二个百年奋斗目标，以中国式现代化全面推进中华民族伟大复兴的中心任务，阐述了中国式现代化的中国特色、本质要求、重大原则等，对推进中国式现代化作出战略部署。要把这些战略部署落到实处，把中国式现代化蓝图变为现实，根本在于进一步全面深化改革。

2. 这是完善和发展中国特色社会主义制度、推进国家治理体系和治理能力现代化的迫切需要。面对新的形势和任务，必须进一步全面深化改革，继续完善各方面制度机制，固根基、扬优势、补短板、强弱项，不断把我国制度优势更好转化为国家治理效能。

3. 推动高质量发展、更好适应我国社会主要矛盾变化的迫切需要。当前，推动高质量发展面临的突出问题依然是发展不平衡不充分。归结起来，这些问题都是社会主要矛盾变化的反映，是发展中的问题，必须进一步全面深化改革，从体制机制上推动解决。

4. 应对重大风险挑战、推动党和国家事业行稳致远的迫切需要。有效应对这些风险挑战，在日趋激烈的国际竞争中赢得战略主动，需要我们进一步全面深化改革，用完善的制度防范化解风险、有效应对挑战，在危机中育新机、于变局中开新局。

又踏层峰辟新天，更扬云帆立潮头。建设社会主义现代化国家寄托着中华民族的夙愿和期盼，全党全军全国各族人民更加紧密地团结在以习近平同志为核心的党中央周围，全面贯彻落实党的二十届三中全会精神，不断将《决定》的“大写意”转化为“工笔画”“施工图”。锚定奋斗目标、把握历史主动，保持战略定力、坚定必胜信念，涵养“不畏浮云遮望眼”的气度，积蓄“千磨万击还坚劲”的韧性，发扬“越是艰险越向前”的精神，不为任何风险所惧、不为任何干扰所惑，集中力量办好自己的事，就一定能够把宏伟蓝图变为美好现实。

★日积月累

1. 矢志复兴的民族，一步步拾级而上。

2. 历史的江河奔腾向前，有静水深流，亦有波澜壮阔。

3. 发展出题目，改革做文章。

4. 又踏层峰辟新天，更扬云帆立潮头。

五十一、安全教育

● 暑期是儿童意外事故高发期，为谨防溺水、交通事故、食品安全事故等情况发生，领导安排你开展相关儿童安全教育工作。请你提出三项符合要求的活动内容，并就其中一项谈谈具体组织措施。

快乐过暑假，紧绷安全弦。暑期是儿童意外事故高发期，由于天气热、假期长等因素，溺水、交通事故、食品安全事故等时有发生。对此，我们必须加强开展对儿童的安全教育工作。领导安排我来开展相关儿童安全教育工作，这是对我的充分肯定，我会认真组织开展这项活动。

保护儿童安全，携手共同成长。为此，我提出三项活动内容：开展安全知识讲座和问答竞赛、安全情景剧表演活动、亲子安全体验日活动。我就开展安全知识讲座和问答竞赛来谈谈具体组织实施情况：

一是根据活动内容，制定活动方案。我会根据开展安全知识讲座和问答竞赛，制定活动方案，先与参与活动工作人员进行讨论，确定活动的时间、地点、流程等细节，提前邀请相关专家按时间规定参加。

二是认真组织实施，落实活动方案。我会按照人员分工，做好各方面的准备工作，包括发布活动通知、准备活动所需物资、布置好活动现场等。

三是收集反馈意见，评估活动效果。活动结束后，我会通过问卷调查、访谈等方式收集家长和儿童的反馈意见，评估活动效果，为下次活动提供改进依据和决策依据。

★日积月累

1. 快乐过暑假，紧绷安全弦。
2. 保障儿童安全，携手共同成长。

程序、方法技巧与范式

一、程序

（一）结构化

1. 报到抽签。一般需要提前 10—30 分钟到达指定地点报到，考试工作人员核对考生身份证件和面试通知书等相关证件。进入候考室之后，考区工作人员会宣读考场纪律，宣读完毕之后，考生要上交自己的通信工具。之后，考生抽签确定分组和进场顺序。抽到第一的考生将由工作人员带到面试室进行面试，其他考生在候考室候考。候考室和面试室是完全隔离的，候考的考生无法得知前面进行面试的考生的任何情况。

2. 进入考场。面试室内除了考官外，一般有计分员、计时员，还有监察人员全程监督。考官一般情况下由 7 人组成，其中一人为主考官。主考官负责宣读面试指导语、强调注意事项、进行提问等，考生在规定时限内回答给定的问题。考生入场后，直接走到考生席，站定后向各位考官问好，并报自己的考试序号。需要特别注意的是，考生不能自报姓名，如在考场内自报姓名，考生会被当场取消面试资格。考生落座后，主考官将向考生宣读面试指导语，面试开始。

3. 面试答题。题目一般有两种形式：一种是题本形式，另一种是读题形式。在回答问题时，可能是考生先看完所有题目，集中思考、连续作答；也可能是看一题，答一题，或者是考官每问一题，考生答一题。在考生答题完毕后，考官可能会根据考生答题情况进行提问，通常情况下随机提问的情况不多。

4. 考生退场。考生回答完所有题目后，主考官一般要问考生是否还有其他补充，如无补充，主考官即宣布请考生退场。这时，考生礼貌性地与考官道别，离开考场时不允许带走草稿纸和桌子上的题签。考生退场之前把椅子归位放好，但不必刻意地放回原位。

5. 计分审核。面试答题结束后，考官根据评分办法打分，打完分后将各自对该考生的评分表交给计分员，核算分数。计分方式是去掉一个最高分和一个最低分，之后求平均分。核算完毕，交给监督员审核。计分员核算完分数，监督员和主考官签字后交给工作人员到候分室对考生宣布，也有些是在候分室张贴出来或者在网站上公布。

（二）结构化小组

结构化小组面试是一种相对于结构化面试来说的创新型面试方法。面试主要分为答题和互评（点评与回应）两个环节，考官根据考生的答题、互评情况予以打分。结构化小组面试最常用的是 3 名考生设定为一组，依次回答同一套题的 3 道题，3 名考生相互点评并针对点评给予回应。具体流程如下：

将一组 3 名考生安排在一个备考室，给每位考生提供题本、草稿纸和笔。一般为 3 道题，共 15 分钟。备考时间结束后立即回收题本，草稿纸可随身带入面试考场内。

1. 答题环节。3 名考生同时进入考场，考试正式开始前，评委会作出导语，告知考生面试形式及相关要求。考试时，要求考生答题要避免泛泛而谈或“假大空”；尤其是点评时，对每个点评的对象至少说出一个质疑性问题。同一组考生根据抽签确定发言次序，为确保面试的公平、公正，每位考生均有同等机会“优先答题”，即每位考生完整作答每一道题目。3 名考生依次作答第一题后，再依次作答第二、第三题。

2. 互评环节（点评和回应）。点评环节一般采取互相评价的方式进行。3 名考生答题环节结束后，进入互相点评环节，并对其他考生的点评作出回应。每位考生点评和回应时间一般为各不超过 2 分钟。

二、方法技巧

（一）结构化

结构化面试考生要掌握其大体结构，要具备丰富的知识储备，还要有很好的控场能力和稳定的情绪控制。同时还要有仪表、举止等方面的规范要求。

1. 逻辑思路要清晰。面试时考生要善用“第一，第二，第三”或“首先，其次，最后”等逻辑词，使表达的内容有层次感和逻辑性，这样思路清晰才能更有效地吸引考官，更好地提升语言表达能力。

2. 知识储备要丰富。丰富的素材能让面试更生动更有说服力。这方面需要考生增加自身的知识储备，平时多积累一些时事政治、名人逸事、领导讲话等。

3. 分析问题要全面。考生要善于从多个角度、多个方面对问题进行全面分析。例如，主体分析法：政府、社会、集体、个人；层面分析法：思想、制度、操作、利益；内外因分析法：内因、外因。分析的主要内容：状态、背景、原因、影响等。

4. 解决问题要灵活。考生要尝试从多个方面对存在的问题进行解决：行政、哲理、法律、监督、制度、思想、政治、经济等，但是答题时也需要考生结合题目的具体内容展开作答，否则会有套路化作答的嫌疑。提出的对策尽量依据题目，具体细化内容。

5. 善用名言要科学。考生答题时善用名言是明智之举，做到有深度、有亮点、有内涵、有视野、有格局。名言可以增加考生答题的说服力。引用时要做到贴近题目，数量不要太多，做到恰到好处。

（二）结构化小组

结构化小组面试考生要注意点评和回应的技巧训练，这是考生拉开差距的关键。一般来说，点评时要采取先褒后抑。首先注重对点评对象的肯定，一针见血地点出关键核心问题；回应时“稳坐钓鱼台”，做到有理有据。具体要注意以下几个方面：

1. 坚持团结竞争、礼尚往来的基本原则。考生要有条理地清晰表达，认真倾听其他考生发言，注意自身语言表达的语气语态语速，坚持团队精神，体现合作性竞争、公平性竞争。特别是回应点评时要避免冒失失礼行为，这是对考友的不尊重表现，诸如未回应点评时，低头或手转动笔，缺乏善于倾听意识；回应点评时，只低头看自己的记录，缺乏交流，或语气过于僵硬等。

2. 点评要遵循客观辩证、恰如其分。多年面试经验证明，考生点评易出现三类问题：①“假大空”式点评。有的考生未认真倾听其他考生作答，导致点评内容空洞无内涵，甚至出现胡乱点评、无话点评，容易被反驳或树敌。②“混沌”式点评。有的考生忘记考试规则，甚至出现抢话或者迟迟不点评，造成点评回应次序混乱。③“极端”式点评。有的考生只评优点而回避缺点，或只评缺点而回避优点，不能实事求是、客观公正地点评。

具体点评时要做到以下几点：

1. 点评“浑然一体”。通常采取“总评＋分述”结构，注意点评关键部分，体现点评的逻辑性，尤其是对问题理解的高度、深度、宽度等。如：〔总评〕某考生的回答，从整体上来讲……〔分述〕首先，从题干内容看，某考生第一题……第二题……第三题……；其次，从答题要素看，某考生第一题……第二题……第三题……。2. 点评“一分为二”。辩证分析点评对象的答题主旨与要素是否全面，有理有据地进行综合性评价，既点评优点，又指明不足，还给出中肯建议。最好用逻辑词语分条一一罗列，确保逻辑条理清晰。3. 点评“一针见血”。理论性问题，如“没有联系党的理论”；逻辑性错误，如“繁星闪烁的上午”；常识性错误，如“1987 年实行改革开放”。四类问题建议不点评：无限细化的内容，把握不准的内容，思路完全不同的内容，无关痛痒的内容。4. 点评“巧舌如簧”。（1）整体表扬开篇说。对点评对象的赞同，放在开篇整体上说，切忌对每个人的每道题都表扬，耽误时间。（2）共性问题整体提。优点是一方面体现归纳概括能力，另一方面给点评对象的回应造成困惑，同样的问题要求两人差异化回应。（3）按题点评都兼顾。好处是既不让两位点评对象闲着，又按题点评，点评者思路更加通畅，不会在题目之间来回窜，共性问题也能整体提出。（4）学会取舍显智慧。考生有时觉得对方答题较好，点不出来怎么办？很简单，不点评，没有规定每道题都要点评。5. 点评“恰如其分”。互评不是指双方针锋相对。点评要先肯定对方，再指出对方存在的不足，让人容易接受。因此，要有赞美、有认同，体现包容意识；也要进行“质疑性点评”，准确指出点评对象的问题，提出建设性意见。给出的观点要有理由支撑，用点评对象表现的细节作为例证。要用真诚的眼神进行沟通交流。

针对具体、适当解释进行回应。回应要有的放矢，先感谢对方对自己的肯定和批评指正，对点评中指出的缺点要明确回应，合理解释，说明自己作答的理由。多年面试经验发现，很多考生回应容易出现两类问题：最常见的是形式化回应，除感谢和接受点评外，内容苍白，达不到补充自己观点和反驳点评的效果；最需要避免的是情绪化回应，有的考生面对过多批评点评，情绪激动，极力反驳，甚至发生语言冲突。具体回应时要注意以下三点：1. 回应点评内容。可以回应点评的优点或缺点，但对点评具体内容必须全面回应，注意把控回应时间和选取回应内容，避免内容太多超时。2. 回应点评技巧。对方点评有理有据，要诚恳接受，按照对方点评迅速优化答题，体现吸收、消化能力；对方点评未触及本质问题，这时你和对方“平分秋色”，不必退也不宜进，表示“认可”即可；对方把其思路强加于你，并认为你是错的，只要顺势出招，表示“见仁见智”；对方点评错了，这时你“占尽上风”，回应姿态要“蜻蜓点水”，指出其常识性错误，让对方无“还手之力”。3. 回应点评禁忌。回应不是狡辩，更不是对峙。忌过度解释，其他考生点评难免会有不合理的地方，适当表示感谢并加以回应解释即可；忌态度恶劣，学会调适心态，正确面对其他考生的批评，不能有任何情绪的体现。

三、范式

（一）结构化（同结构化小组答题）

1. 综合分析题，一般采取“是什么、为什么、怎么办”的逻辑结构，从哲学角度来说，做到由感性认识到理性认识再到实践的“两次飞跃”。

2. 人际关系处理题，一般采取“自我反思、加强与领导与同事的沟通、以问题为导向解决实际问题、总结提升”的逻辑思路，达到反思自我，认识问题，解决问题，改进提升的目的。

3. 计划组织题，一般采取“事前、事中、事后”的原则进行。回答问题时，首先要强调活动开展的目的意义、影响等，其次再强调活动的准备情况、组织实施情况和活动后总结。

4. 应急处突题，一般采取“回应社会关切 / 第一时间赶赴现场、调查核实、解决问题、建立长效机制”的逻辑思路，同时强调影响或意义 / 坚持公平公正 / 遵循轻重缓急原则等。

5. 情景模拟题，一般采取“情、理、利、法”的逻辑思路进行。明确模拟场景、人物、事件等要素。做到换位思考、将心比心；摆事实、讲道理，以理服人；从利益出发，利他或利己；涉及法律法规要遵循依法办事。

6. 即兴演讲题，一般采取“开门见山引出观点、具体分析论证、呼吁号召”的逻辑思路。做到演讲时让考官产生共鸣，有适当的肢体语言，语言表达抑扬顿挫，有情感。

（二）结构化小组（同结构化答题＋点评与回应）

1. 点评的开头和结尾。①不要人夸颜色好，只留清气满乾坤。刚才，聆听了 2 号考友的陈述，让我感到受益匪浅，收获满满。②见贤思齐，见不贤而内自省也。2 号考友你好，针对你刚才的作答我有 × 点想法想要跟你交流探讨一下。③不能胜寸心，安能胜苍穹。听了 2 号考友刚才的作答，我认为我跟你之间的想法可能有些出入，下面我陈述一下我的观点。④以上是我针对 2 号考友答题过程中的一些想法。

2. 点评中肯定话语。①致广大而尽精微，极高明而道中庸。2 号考友答题条理清晰，论证过程有理有据，是一个思维很缜密的人。②见善如不及，见不善如探汤。2 号考友表达流畅，抑扬顿挫，听他答题非常舒服。③与人不求备，检身若不及。第 × 题中 2 号考友针对第 × 个问题提出了通过 ××× 方式来进行解决，我认为解决措施针对性强，能有效解决问题。④吾生也有涯，而知也无涯。2 号考友在第 × 题的现场模拟中劝说理由充分，语气符合劝说身份，值得我学习。

3. 点评中反对话语。①独学而无友，则孤陋而寡闻。我认为 2 号考友在答题过程中对题目理解存在一些偏差。如，×××。②人生天地间，长路有险夷。2 号考友在对漫画进行分析的时候我认为寓意的得出有些牵强，不明白是如何得出来的，希望能听到进一步的解释。③善学者尽其理，善行者究其难。2 号考友在陈述第 × 题时，缺少对于第 × 个问题的解决方案，该问题没有得到解决。

4. 回应

参考话语：反听之谓聪，内视之谓明，自胜之谓强。现在 2 号考生针对 1 号考生的点评进行回应。首先感谢 1 号考友的细致点评和建议，针对你提出的问题我来做出以下回应……再次感谢 1 号考友的认真聆听。

做好记录！明确点评问题的数量，避免遗漏问题，理解点评问题的内容，避免答非所“点”。

做到不回避：确实存在问题的要虚心接受，补充完善即可。不存在问题或者是可以回旋的问题，不要附和对方的节奏并全部承认。注重理由：不管是承认、否认还是回旋，都要加上理由，有理有据才能彰显能力。

常见问题回应：

1. 问题成立的参考话语：

对于你提出的 ×× 问题，这个建议是十分中肯的或可行的 / 感谢你的指出 / 感谢你的指正（明确态度）。确实我在作答中没有想到 / 论述不够充分 / 因为紧张没有看到……（陈述理由）。现在我做一下更正 / 完善 / 补充（弥补完善）。

2. 可以回旋的参考话语：

对于你提出的 ×× 问题，我认为是我们作答的侧重不一样 / 对题目的理解不同 / 思考方向不同 / 我们其实是不谋而合的 / 我们的思路并不矛盾（明确态度）。针对这道题我侧重在 ××/ 我对题目的理解是 ××/ 你提出的 ×× 和我谈到的 ×× 是一个意思 / 你谈到的 ×× 和我谈到的 ×× 都是贴合本题的（陈述理由）。

注：可以适当补充完善，也可以只陈述理由。

3. 问题不成立的参考话语：

对于你提出的 ×× 问题，我有不一样的看法 / 我有不同的意见（明确态度）。可能你没有理解我的内容、没有记录清楚、没有听清楚我的回答 / 没有理解题目、可能和题目没有直接关系 / 和我的作答内容没有直接关系（陈述理由）。

4. 对方只是补充的参考话语：

感谢你对我 ×× 的补充，由于时间关系我没有充分展开，这道题除了

你谈到的 ××，我认为还有 ×× 角度……

5. 只夸没有问题的参考话语：感谢你对我答题内容的认可，其实刚刚听完两位组员的答题也是给了我很多的启发和思考，未来我会继续学习，保持思考，再次感谢你对我的中肯点评。

★特殊情况

1. 点评方没说清楚尽量理解，或者是选自己听明白的部分回应。

2. 两位组员点评一样的问题：①从不同的角度做出回应 / 补充（优先）；②回应第二位组员时，可以说明上一轮已经回复过。

参考话语：关于你提出的 ×× 问题，其实刚刚我在回复 1 号考友时已经详细说明，在这里就不再赘述。（如果对方只点评了一个问题，即便和上一位考友点评的问题一样，这个时候就要明确回应）

结束的参考话语：以上就是我对 1 号考生点评的回应，考生回应完毕！

★ 千万要记住：情绪一定要稳定，不要紧张；态度一定要端正，注意语气，灵活应对。

注意事项及常见问题

一、注意事项

1. 面试不论男女考生，头发颜色不能太多、太亮；仪表总体要求是端庄大方、整洁干净、简约朴实、自然得体。男性面容应保持干净整洁，女性应以淡妆为宜，建议面试时不要使用香水，不蓄长指甲，不使用醒目的甲彩。男性着装全身颜色不得多于三种，做到颜色相同或接近。女性着装建议穿正装，可以佩戴大方得体的饰品如胸针，男性在面试场合最好杜绝饰品。

2. 准备面试时要注意放松心态，调整好心情，做一下深呼吸来缓解一下紧张情绪。如果排序靠后，可以闭眼休息一下，养精蓄锐。在考前 10 分钟调整全身状态，使自己在入场时达到最佳状态。

3. 进入考场前要先敲门，轻叩 2—3 下，听到主考官说“请进”后再进入考场。进入考场后，会看到考官和其他工作人员（7 名考官，其中 1 名主考官、1 名副考官和 5 名其他考官；工作人员包括计时员、记分员和监督员）在室内两侧。你的面前会有一桌一椅，请在桌旁站定，然后向各位考官鞠躬，报出自己的面试顺序号（注意：千万不可说出自己的姓名，否则会被取消考试资格，直接被请出场）。在未得到考官“请坐下”的允许（手势或言语）前，不得自行落座；考官示意“请坐下”，考生在致谢后移椅、就座。调整座椅时避免发出刺耳声响。

4. 鞠躬完毕，坐下等待主考官的提示。这时主考官会向你介绍考试的方式和内容（包括共有几道题，多长时间，如何答题），介绍完毕，会问你“听清楚了吗？”，你要清晰明确地回答“听清楚了”。如未听清楚，则可以提出疑问，请求主考官再次介绍，万万不可不懂装懂，搞错了规则。当然，最好是一次听清楚。

5. 公务员面试一般为 4 道题，答题时间为 20 分钟，每题答题时间为 5 分钟。事业单位面试一般为 3 道题，答题时间为 15 分钟。一般有两种考试方式：一种是主考官把所有的题目都告诉你，然后由你自己合理安排使用 20 分钟答题时间；另一种是主考官分别读题，你逐一答题，要注意听主考官读题，抓住关键词，每题 5 分钟，可以提前回答完毕，但不可超时（这种情况下不会提前给题，主要考查考生现场反应能力）。

6. 考场上，考生应从容、镇定、自信，展现出应有的气度与风貌。答题时，要表情自然，适时微笑；应注意与考官的眼神交流，以正视主考官为主，环视其他考官为辅，以示对考官们的尊重。

7. 站姿的基本要求包括站立端正、不应持物、双腿稍分、避免散漫；坐姿应注意稳重、静态、直挺和端正，两手可自然放于桌上；考生的手势应当规范，尽量少用，不可滥用；从进入面试考点到离开考场不要有多余小动作。

8. 答题前先思考，回答问题时端正坐姿，开口说“考生开始答题”；答题结束后应明确说明“答题完毕”。

9. 主考官提示“面试结束，请离场”后，考生起立后应把桌椅之间的距离恢复到刚入场时的状态，善始善终，有礼貌地与考官鞠躬道别，这时考生应向考官们说“考官们辛苦了”。考生退场时不得将试题与草稿纸、笔等带出考场。

10. 面试过程思考时，考桌上有纸笔，要把回答要点列好，以便在回答时做到纲举目张。注意要分清主次、轻重、缓急。特别要写清“一、二、三、四”，这样写会更加有条理。

11. 答题时，音量适当提高半拍，声音洪亮有利于刺激潜能，尽快进入状态，注意抑扬顿挫；说话时要掌握好节奏，娓娓道来，这方面在备考时应勤加练习；语气语调要有抑扬顿挫之感。

12. 一般来讲，答题时间安排做到思考和答题的时间按 2∶3 或 3∶2 分配是比较合理的，就是说 5 分钟的答题时间，思考 2 分钟，回答 3 分钟，或思考 3 分钟，回答 2 分钟。

二、常见问题

1. 考生进入考场前不敲门，进入后直接坐下，这就给考官们一种不礼貌的印象。

2. 考生进入考场后不能直接说出自己的姓名，否则会被取消面试资格。

3. 考生对历史时间、统计数据、人物等回答错误，这是面试大忌。

4. 考生不自信，心跳加速，面红耳赤，埋头答题不敢看考官，声音细小气势微弱，紧张得直哆嗦等。建议考生：首先，调整心态，多给自己积极的心理暗示，努力克服紧张焦虑的情绪；其次，充分评估自己的优缺点，在面试中扬长避短；再次，考前多做模拟练习，适应考场环境，熟悉考试题型；最后，眼神交流要注意技巧。

5. 语言表达不流畅；口头语过多，如嗯、啊、呃、这个、那个……；重复语句过多、停顿时间长等。主要原因在于：过度紧张，导致间歇性断片儿；平时缺乏练习，对常用的表达不熟悉。建议大家从如下方面改善：面试前深呼吸，尽量放松，避免过分紧张导致发挥失常；熟读熟记常用答题句子，做到有备无患。

6. 答题生硬、套路化，只有结构框架，没有具体细节，不善于从多角度去分析问题，也不知道从哪些方面去细化内容。给考生两点建议：一是巧用主体分析法和层面分析法，看待问题可从国家、政府、社会、个人等多个主体分析，也可结合思想、制度、操作等不同层面来分析作答；二是要细化内容，可从谁去做（主体）、从哪些方面做（方法）、做什么（内容）等角度去思考。

7. 审题不清楚，就会重点不突出、偏题跑题、答非所问。很多考生在面试中因为审题不仔细，草率作答，或者因为没有正确理解出题人的意图而离题万里。建议考生：在审题时要抓住关键信息，如综合分析题要抓住所需分析的核心话题，人际关系矛盾处理题要审清问题和条件，应急处突题要审清问题和身份，计划组织题要审清任务和条件，等等；在作答方向上，要具备政治思维，站在政府角度去认识问题和解决问题。

附录（一）

实用精句

以下内容来自《人民日报》《求是》杂志等权威读物。

一、主题：经济发展

1.“乔木亭亭倚盖苍，栉风沐雨自担当。”新时代这十年，有涉滩之险，有爬坡之艰，有闯关之难，在党和国家发展进程中极不寻常、极不平凡。世界大变局、世纪大疫情、中国大变革、民族大复兴……一路披荆斩棘、乘风破浪，多少跌宕起伏、惊心动魄！

（摘自《坚持党的全面领导是坚持和发展中国特色社会主义的必由之路》）

2.“干一件成一件”，需要鼓足“敢于突进深水区，敢于啃硬骨头，敢于涉险滩”的改革勇气；“干一件成一件”，需要增强“不达目的不罢休”的改革决心；“干一件成一件”，需要增强“一步一个脚印”的改革韧性。

（摘自《拿出“干一件成一件”的劲头》）

3. 波澜壮阔的中国铁路发展史上，复兴号镌刻下科技创新的新高度。这份底气，源自新型举国体制的强大优势；这份底气，源自完整的工业体系优势；这份底气，源自超大规模市场的优势。

（摘自《复兴号奔驰在祖国广袤的大地上》）

4. 疾风知劲草，烈火炼真金。应当清醒认识到，当前国际环境比较复杂，世界经济增长趋缓态势明显，不稳定、不确定性因素较多，需求不足的制约依然明显，一些结构性问题比较突出，回升基础还需要巩固。

（摘自《良好开局提振发展信心》）

5.“不管风吹浪打，胜似闲庭信步。”最强的力量就是说到做到，最好的落实就是一抓到底。让我们更加紧密地团结在以习近平同志为核心的党中央周围，坚持以习近平经济思想为指导，保持战略定力，掌握历史主动，坚持办好自己的事，以“越是艰险越向前”的英雄气概和“狭路相逢勇者胜”的斗争精神，有效应对前进道路上各种可以预料和难以预料的风险挑战，推动中国经济高质量发展不断迈上新台阶，奋力夺取全面建设社会主义现代化国家新胜利。

（摘自《坚持办好自己的事》）

6. 广袤大地上，总会有小小一隅，或山水明秀，或瓜果飘香，或物产丰富，或文脉绵长。

（摘自《“小城特产”，成长有空间》）

7. 文旅“火起来”，夜市“热起来”，人流“旺起来”。消费品质不断提升，烟火气里折射欣欣向荣的中国。

（摘自《开局之年，高质量发展扎实推进》）

8. 统筹扩大内需和优化供给，进一步增强发展动力；加快建设全国统一大市场，进一步释放发展潜力；厚植高质量发展绿色底色，进一步提升发展后劲。

（摘自《宏观政策有力支撑高质量发展》）

9. 稳住经营主体，夯实高质量发展的基本盘；化解突出矛盾，激活高质量发展的新动能；促进就业增收，提升高质量发展带来的获得感。

（摘自《形成共促高质量发展合力》）

10. 观察中国经济，既要看“数”，也要看“景”；观察中国经济，既要看“形”，也要看“神”；观察中国经济，既要向“内”看，也要向“外”看。

（摘自《高质量发展迈出新步伐》）

11. 抓住“牛鼻子”，创新动能茁壮成长；破除“中梗阻”，经营主体活力迸发；打造“蓄水池”，人才红利持续释放。

（摘自《写给新征程上春天的中国》）

12. 涉滩之险见证增长之稳，爬坡之艰映照发展之进，闯关之难更显转型之力。

（摘自《形成共促高质量发展合力》）

13. 看韧性，中国经济底盘坚实、无惧风浪；看潜力，中国市场规模巨大、前景广阔；看活力，中国发展动能充沛、动力强劲。

（摘自《满怀信心，开好局起好步》）

14. 采访本上的每一处细节、每一张面孔，折射中国经济韧性；镜头里的每一个震撼、每一串数据，彰显中国经济活力；录音笔中的每一场对话、每一次研讨，展露中国经济潜力。

（摘自《坚持就是胜利，奋斗创造奇迹》）

15. 抢机遇、促开放，大力提升贸易投资水平；强供给、扩内需，着力推动创新驱动发展；助创新、促转型，培育壮大发展新动能。

（摘自《强信心，市场主体添活力》）

16. 稳中求进、稳中向好，中国经济实力更强；直面挑战、化危为机，中国经济韧性更足；改革创新、攻坚克难，中国经济活力更旺。

（摘自《高质量发展迈出坚实步伐》）

17. 千千万万工厂开启数字化、智能化升级，新能源汽车跨越年产1000万辆里程碑……传统产业“大象”起舞，新兴产业“狮虎”竞逐，未来产业“瞪羚”跳跃，万类霜天竞自由。

（摘自《一颗苹果里的新质生产力》）

18. 善用制度优势，握指成拳、合力攻坚；善用市场优势，以用促研，快速形成规模效益；善用人才优势，以高素质人才创新活力的竞相迸发支撑创新成果接连涌现。

（摘自《善用独特优势　推动产业升级》）

19. 简除烦苛，管好“有形之手”。非行政许可审批事项全部取消，行政审批事项大幅压缩，“放管服”改革改出市场活力。壮士断腕，化解“产能僵局”。从“手撕钢”“笔尖钢”到高铁轮轴，历经去产能阵痛，钢铁业走上创新驱动发展新路。不畏艰难，打破“户籍坚冰”。统一城乡户口登记制度、全面实施居住证制度、全面解决无户口人员落户问题，户籍制度改革全面提速。

（摘自《改革开放是决定当代中国命运的关键一招》）

20. 火热的文旅市场，一头连着“诗和远方”，一头连着经济社会发展。

（摘自《创新供给激发消费潜力》）

二、主题：政治建设

1. “不带私心搞革命，一心一意为人民”的谷文昌，“一个人、一辈子、一道渠”的黄大发，“正因为有暴雨更得赶回去，怕村里受灾”的黄文秀……这些优秀共产党员“时时放心不下”、刻刻揣在心窝的，永远是群众利益。

（摘自《“能不能吃上菜就是政治”》）

2. 浩浩江河水，巍巍民族魂。“自胜者强，自强者胜”“千磨万击还坚劲”，映照自强不息的进取精神；“仰不愧天，俯不愧人，内不愧心”，彰显高尚坦荡的精神境界；“留取丹心照汗青”“苟利国家生死以”，昭示忠诚坚贞的理想信念……在漫长的历史长河中，中华民族形成了秉持仁、义、礼、智、信，推崇格物、致知、诚意、正心、修身、齐家、治国、平天下，追求真善美的价值导向。

（摘自《增强实现中华民族伟大复兴的精神力量》）

3. 中国古人讲，“小智治事，中智治人，大智治制”。制度带有全局性、稳定性，是管根本、管长远的。

（摘自《打铁必须自身硬》）

4. 下足绣花功夫，把为基层减负的各项举措落到实处，才能让基层干部放开手脚，把好政策绵绵密密扎实落实到群众中去。下足绣花功夫，必须下真功夫、硬功夫，容不得半点花架子；下足绣花功夫，就要有决心、有恒心，一针一针刺、一线一线绣；下足绣花功夫，还须磨好“绣花针”、用好“穿针法”，实干善为绣出“锦绣图”。

（摘自《为基层减负要下足绣花功夫》）

5.“君子之交淡如水”，交往之美在清爽。长期以来，党内道一声“同志”，是我们党的优良传统。

（摘自《营造山清水秀的政治生态》）

6. 李大钊凛然走向绞刑架，激昂高呼“共产主义在世界、在中国，必然要得到光荣的胜利”；焦裕禄带领干部群众治理“三害”，笃信“革命者要在困难面前逞英雄”；王进喜心甘情愿为党、为人民当一辈子老黄牛，誓言“宁肯少活 20 年，拼命也要拿下大油田”……敢于直面血与火、生与死的斗争淬炼，才能锻造出唯一的、彻底的、无条件的、不掺任何杂质的、没有任何水分的绝对忠诚。

（摘自《唯有忠诚真本色》）

7. 成其身而天下成，治其身而天下治。要保证我们党永葆生机活力，担负起新时代的历史使命，始终成为马克思主义执政党，就必须以“革命者必先自我革命”的坚定意志和决心，继续推进自我革命，把党建设得更加坚强有力。

（摘自《以跳出历史周期率为战略目标》）

8.《尚书》有云：“与人不求备，检身若不及。”中华文化一直有严于律己、克己修身的传统。“吾日三省吾身”“行有不得，反求诸己”“古之君子，其责己也重以周，其待人也轻以约”，说的都是这个道理。古人讲“闻过则喜”，我们要涵养虚心接受批评的胸怀和气度，对待同志们的批评、群众的意见，做到胸襟开阔、诚恳接受，有则改之、无则加勉。

（摘自《永葆共产党人的政治本色》）

9.“事辍者无功，耕怠者无获。”解决大党独有难题是一个长期而艰巨的过程，必须以愚公移山的恒心、滴水穿石的韧劲，持之以恒坚持下去。

（摘自《打铁必须自身硬》）

10. 因为对马克思主义的信仰，才有“坚持革命继吾志，誓将真理传人寰”的凛然；因为对中国特色社会主义的信念，才有在改革中“杀出一条血路来”的无畏；因为对实现中华民族伟大复兴中国梦的信心，才有“请党放心，强国有我”的壮志。

（摘自《不断在实践中锤炼党性》）

11. 星汉灿烂，北斗指航；沧海横流，砥柱巍然。

（摘自《坚持和加强党的全面领导》）

12. 司马迁“常思奋不顾身，而殉国家之急”的凛然，林则徐“苟利国家生死以，岂因祸福避趋之”的担当，赵一曼“未惜头颅新故国，甘将热血沃中华”的气节，万步炎“国之所需，吾之所向”的担当……在中华民族绵延发展的历史长河中，爱国主义始终是激昂的主旋律，激励着一代代中华儿女自强不息、不懈奋斗。伟大事业需要伟大精神。

（摘自《以法治手段推动和保障爱国主义教育》）

13. 忠贞的信仰、坚定的选择，彰显共产党人的赤诚忠心，穿越时空传递震撼人心的精神力量。“天下至德，莫过于忠。”我们党一路走来，经历了无数艰险和磨难，但任何困难都没有压垮我们，任何敌人都没能打倒我们，靠的就是千千万万党员的忠诚。

（摘自《锤炼品格强化忠诚》）

14. 严于律己，要内化于心。“吾日三省吾身”“君子求诸己，小人求诸人”“检身若不及”……中华优秀传统文化里，“修己以安人”是一个重要命题，有着数不清的经典案例；百年党史中，注重自我修养，养成崇高政治品格的光辉榜样更是数不胜数。“严于律己，出而见之事功。”奋进新征程、创造新伟业，严于律己是党员干部的必修课。人人朝乾夕惕，人人奋勇争先，我们的事业必将蒸蒸日上。

（摘自《严于律己是党员干部的必修课》）

15. 知之非艰，行之惟难。牢记“民心是最大的政治”，努力从中华优秀传统文化的深厚积淀中汲取养分，守住内心、涵养政德、拒腐防变，广大党员干部就能在精神上返璞归真、固本培元，不断夯实廉洁从政的思想道德基础，以昂扬精气神奋进新征程、建功新时代。

（摘自《用优秀传统文化正心明德》）

16. “履不必同，期于适足；治不必同，期于利民。”民主不是装饰品，不是用来做摆设的，而是要用来解决人民需要解决的问题的。

（摘自《坚持中国特色社会主义政治发展道路》）

17. “从来经国者，宁不念樵渔”。无论时代如何变迁，人民群众始终是我们战胜一切困难的力量源泉，情系人民应是我们需要恪守的政治品格。

（摘自《饮其流者怀其源》）

18. “得众则得国，失众则失国”。民心是最大的政治，也是领导干部的心力之源。一个领导干部心力强不强，归根到底就看为民造福之心实不实。“天下之治乱，不在一姓之兴亡，而在万民之忧乐”“善为国者，遇民如父母之爱子，兄之爱弟，闻其饥寒为之哀，见其劳苦为之悲”。抱守这样的情怀，“心中为念农桑苦，耳里如闻饥冻声”，即便为民造福的实践中，遭遇这样那样的挫折与困难，其心力也只会愈挫愈坚。

（摘自《最是“心力”见不凡》）

19. “古之立大事者，不惟有超世之才，亦必有坚忍不拔之志”，我们正在进行的正是前无古人的伟大事业。广大党员、干部把坚定理想信念作为人生的头等大事、终身课题常修常炼，全党保持永不懈怠的精神状态和一往无前的奋斗姿态，就一定能创造出属于我们这一代、无愧新时代的历史功绩。

（摘自《终身课题必须常修常炼》）

20. 做到虔诚而执着、至信而深厚，方能在面对风险挑战、艰难险阻甚至惊涛骇浪时，将忠诚化作“乱云飞渡仍从容”的定力、“越是艰险越向前”

的精神和“踏平坎坷成大道”的本领。

（摘自《锤炼对党忠诚的政治品质》）

三、主题：文化传承

1.“欲知大道，必先为史”。中华文化如同岁月珍酿，凝聚大国底蕴。一撇一捺，书写汉字之古韵；一砖一瓦，建起长城之宏伟；一腔一调，唱出国粹之经典。

（摘自《推进文化自信自强》）

2. 有文化自信的民族，才能立得住、站得稳、行得远。

（摘自《坚定文化自信　巩固文化主体性》）

3. 翻开历史长卷，从“天行健，君子以自强不息”的理念，到“路漫漫其修远兮，吾将上下而求索”的志向，再到“天下兴亡，匹夫有责”的情怀，中华优秀传统文化的丰富哲学思想、人文精神、价值理念、道德规范等，都可以古为今用，为人们认识和改造世界提供有益启迪。

（摘自《激扬中华文明新活力》）

4. 京剧雍容华贵，体现恢宏气派和深厚底蕴；昆曲婉转清丽，透露浓浓的江南风情；粤剧细腻柔美，尽显岭南文化的温婉精致；秦腔粗犷豪放，“吼”出八百里秦川的苍茫厚重……千百年岁月流转中，它们共同讲述着这片土地上发生的故事，彰显着富有中华民族特色的文化心理和艺术情趣。

（摘自《让老戏曲觅得更多新知音》）

5.“和”之道，在文化铸魂；“和”之道，在治理治世；“和”之道，在胸怀天下。

（摘自《从“以和为贵”到“和合共生”》）

6. 千百年来，中华民族的气度、性情与智慧，书写在笔墨丹青之中，蕴藏在典籍辞章之间，凝结在器物技艺之上，融汇成生生不息的中国精神、中国力量。

（摘自《拓宽传统文化传承发展的路径》）

7. 中华优秀传统文化，在代代相传中绵延不绝，在岁月流淌里守正创新。

（摘自《感受中秋佳节的时代意蕴》）

8. 文化主体性是文化自信的根本依托。有了文化主体性，中华民族才有精神上的独立自主。源浚者流长，根深者叶茂。

（摘自《坚定文化自信　巩固文化主体性》）

9. “江山留胜迹，我辈复登临。”“自我作古”的勇气，“但开风气”的眼界，都是为了在传承不绝的文化谱系、风云激荡的文化图景中，定位复兴之路上的文化坐标。

（摘自《为强国建设、民族复兴提供坚强思想保证、强大精神力量、有利文化条件》）

10. 参天之木，必有其根；怀山之水，必有其源。中华文化源远流长、博大精深，青年人只有把学习中华文明的历史知识与自己喜爱的文化活动相结合，在深入阅读经典古籍、鉴赏优秀文艺作品、学习文化名家论著的过程中汲取优秀传统文化的力量，才能在坚定文化自信中谱写新时代青年的青春答卷，更好地担负起新的文化使命。

（摘自《坚定文化自信　贡献青年力量》）

11. “不薄今人爱古人”，把历史与现实贯通起来，把实用价值与美学价值统一起来，把时代精神和城市文化结合起来，更多有品位、有格调也有人气的路名，必将串联起更加美好的城市生活。

（摘自《让路名成为城市的文化名片》）

12. 做好创造性转化和创新性发展，需要“学古不泥古”。弘扬传统文化、繁荣文化产业，最终要落在满足人民精神文化需求、增强人民精神力量上。

（摘自《让传统文化在创新中赓续绵延》）

13. 观今宜鉴古，无古不成今。古今通理的传承，为推进国家治理体系和治理能力现代化提供了文化养分。

（摘自《古为今用，儒风有新韵》）

14. 无论是甲骨书简上的弦歌不辍、水墨丹青里的东方意蕴，还是大江大河流淌的浩瀚文脉，广袤的神州大地上，历史文化遗产星罗棋布，饱含着丰厚的精神滋养，激荡着跨越时空的智慧和力量。

（摘自《保护好、传承好历史文化遗产》）

15. 文明弦歌不辍，文脉绵延不绝。历史发其源，文化铸其魂。源远流长的中华文明，在世界文明百花园里独树一帜，为人类文明进步做出了不可磨灭的贡献。

（摘自《“更要在心里传承好”》）

16. 中华优秀传统文化是中华文明的智慧结晶和精华所在，蕴藏着中国社会赖以生存发展的价值观和中华民族日用而不觉的文化基因。像“国家兴亡，匹夫有责”蕴藏的爱国情怀，像“天行健，君子以自强不息”体现的奋斗精神，像“得黄金百，不如得季布一诺”阐明的诚信原则，都可以成为今天构筑中国精神、中国价值、中国力量的宝贵财富。

（摘自《让青少年“更好认识和认同中华文明”》）

17. 中华优秀传统文化是中国人的民族标识，体现着中华民族的气质与气节。“先天下之忧而忧，后天下之乐而乐”的政治抱负，“位卑未敢忘忧国”“苟利国家生死以，岂因祸福避趋之”的报国情怀，“富贵不能淫，贫贱不能移，威武不能屈”的浩然正气，“人生自古谁无死，留取丹心照汗青”“鞠躬尽瘁，死而后已”的献身精神等，始终激励着中华儿女为实现民族复兴而不懈奋斗。

（摘自《让中华优秀传统文化焕发生命力》）

18. “知所从来”方能保持定力，立足波澜壮阔的中华五千多年文明史，真正理解中国道路的历史必然、文化内涵与独特优势；“识其所在”才能保持清醒，立足中华民族伟大历史实践和当代实践，用中国道理总结好中国经验，把中国经验提升为中国理论；“明其将往”才能坚定信念，将中华文化融入中国式现代化的伟大实践中，共同努力创造属于我们这个时代的新文化，意气风发、信心百倍建设中华民族现代文明。

（摘自《推进文化自信自强》）

19. 展开历史长卷，从赵武灵王胡服骑射，到北魏孝文帝汉化改革；从“洛阳家家学胡乐”到“万里羌人尽汉歌”；从边疆民族习用“上衣下裳”“雅歌儒服”，到中原盛行“上衣下裤”、胡衣胡帽，以及今天随处可见的舞狮、胡琴、旗袍等，展现了各民族文化的互鉴融通。

（摘自《中华文明始终在兼收并蓄中历久弥新》）

四、主题：社会实践

1. 从“纸上得来终觉浅，绝知此事要躬行”，到“读万卷书，行万里路”，从“知者行之始，行者知之成”，到“一语不能践，万卷徒空虚”，崇尚实践、重视实践的精神品格，以知促行、以行求知的辩证方法，滋养着一代代青年“行而不辍，履践致远”，在实践中学真知、悟真谛、长真才。

（摘自《在知行合一中历练成长》）

2. 知之愈明，则行之愈笃；行之愈笃，则知之益明。在返乡实践中，期待更多青年学子学得文武艺、不忘桑梓情，在助力家乡建设的过程中，提升能力、锤炼品格，让青春之花绽放在祖国最需要的地方。

（摘自《用心用情，返乡实践》）

3. 穷理以致其知，反躬以践其实。用青春完成这份特殊的作业，学生们收获颇丰。

（摘自《以青春之名　赴家乡之约》）

4. 基层也是最好的课堂。“知屋漏者在宇下，知政失者在草野。”深入基层调研，“甘当小学生”“拜人民为师”，应成为广大党员干部的工作常态。

（摘自《植根人民，造福人民》）

5. 调查研究要身深入、心融入。古人言：“故不登高山，不知天之高也；不临深溪，不知地之厚也。”

（摘自《谋事之基，成事之道》）

6. 为学之实，固在践履。如今，无数优秀教师秉持躬耕态度，激扬奋进的精气神，以勤勉奉献为“强国有我”写下生动注脚。“问渠那得清如许？为有源头活水来。”时代越是发展，越需要教师树立终身学习的理念。

（摘自《勤学笃行，求是创新》）

7. 鞋子合不合脚，自己穿了才知道；道路好不好，自己走了才知道。

（摘自《这条道路走得对、走得通，走得稳、走得好》）

8. “操千曲而后晓声，观千剑而后识器。”全国两会之后，日程紧、步履实，总书记每到一地，都会结合当地实际，对中国式现代化的地方实践悉心指导和部署。

（摘自《“找准在全国大局中的战略定位”》）

9. 一语不能践，万卷徒空虚。党的二十大报告提出：“弘扬党的光荣传统和优良作风，促进党员干部特别是领导干部带头深入调查研究，扑下身子干实事、谋实招、求实效。”

（摘自《以高质量调查研究推动高质量发展》）

10. “牢记空谈误国、实干兴邦”，是面对历史的担当，是面向未来的宣示，必将凝聚起团结奋斗、干事创业的强大力量。

（摘自《担当实干抓落实》）

11. 为者常成，行者常至。

（摘自《继续积极推动构建人类命运共同体》）

12. 知者行之始，行者知之成。不在知行合一上下苦功夫、硬功夫、久功夫，不坚持时刻在实践里悟真知、修其心、治其身，不论过去是怎样的“钢筋铁骨”，也不能确保今后党性修养的始终如一。

（摘自《修好共产党人“心学”重在知行合一》）

13. 青春无边，奋斗以成。新时代新征程，广大青年用脚步丈量祖国大地，用眼睛发现中国精神，用耳朵倾听人民呼声，用内心感应时代脉搏。

（摘自《让青春在火热实践中绽放绚丽之花》）

14. 走过泥泞，方知大道珍贵；经历风雨，更觉阳光美好。

（摘自《在新起点上再创新辉煌》）

15. 学习的目的在于运用，实践是检验学习成果的练兵场。荀子说：“不闻不若闻之，闻之不若见之，见之不若知之，知之不若行之。”只有以知促行、以行求知，在实践中锤炼真本领，才能更好认识国情，更好认识党和国家事业发展大势，更好认识历史发展规律，更加能动地推进各项工作。

（摘自《“求真学问，练真本领”》）

16. “物有甘苦，尝之者识；道有夷险，履之者知。”

（摘自《坚持在干中学、学中干》）

17. “知之真切笃实处，即是行。行之明觉精察处，即是知。”党员干部要抓好知、情、意、行等各个环节，“知”要解决认知问题，“情”要解决情感问题，“意”要解决意志问题，“行”要解决行为问题，最终实现知行合一，在实践中彰显道德定力的重要作用。

（摘自《把增强道德定力作为终身必修课》）

五、主题：生态文明

1. “万物各得其和以生，各得其养以成”“万物并育而不相害，道并行而不相悖”，与自然的和谐共处，彰显了中国历史长河所沉淀的生命之道、生态智慧和人文精神。

（摘自《唱响新时代的“长江之歌”》）

2. 青山不墨千秋画，绿水无弦万古琴。

（摘自《为子孙后代留下山清水秀的生态空间》）

3. “清江一曲抱村流，长夏江村事事幽。”优美宜人的环境，是中国人记忆里的乡村田园图景，也是广大农民群众的美好追求。

（摘自《护生态也是富口袋》）

4. 从“万条垂下绿丝绦”的春意盎然，到“晴川历历汉阳树”的壮阔悠远，从《诗经》里“其叶牂牂”的东门之杨，到《项脊轩志》里“亭亭如盖”的枇杷树，树木寄托的是人与人、人与故乡、人与自然的情与意，是中国历史传承至今的朴素生态观和绿色发展理念。

（摘自《守护传承好绿色“国宝”》）

5. “纤纤不绝林薄成，涓涓不止江河生。”我国许多地方正积极开展节约型机关、绿色家庭、绿色学校、绿色社区、绿色出行、绿色建筑等创建行动，将绿色低碳理念浸润到衣食住行游用等方方面面。

（摘自《“让绿色低碳生活方式成风化俗”》）

6. 如今，生态环境保护让“苍山不墨千秋画，洱海无弦万古琴”的美景永驻，长江大保护让“一江碧水向东流”，塞罕坝等实现“绿进沙退”的历史性转变，一幅天更蓝、地更绿、水更清的大美图景正在神州大地徐徐铺展。

（摘自《“天更蓝、地更绿、水更清”》）

7. “草木植成，国之富也。”党的十八大以来，绿水青山就是金山银山的理念成为全党全社会的共识和行动，绿色发展按下快进键，我国生态文明建设驶入快车道。

（摘自《绿水青山就是金山银山》）

8.“万物各得其和以生，各得其养以成。”云南是我国生物多样性最丰富的省份之一，是我国重要的生物多样性宝库。

（摘自《闯出一条跨越式发展的路子》）

9. 大河流日夜，慷慨歌未央。山东干部群众凝心聚力，把“绿水青山就是金山银山”铭记于心，把“山水林田湖草是生命共同体”付之于行，把“人与自然和谐发展”落到实处。

（摘自《齐鲁大地“走在前、开新局”》）

10. 昔日湖光山色、生机盎然的景象重现大江大湖，正是一幅“沙鸥翔集，锦鳞游泳，岸芷汀兰，郁郁青青”的大好风光！

（摘自《洞庭美如画》）

11. 坚持共抓大保护、不搞大开发，坚持有所为有所不为，奋力推动长江经济带高质量发展，我们就能更好守护“江豚吹浪立，沙鸟得鱼闲”的美景。

（摘自《保护好长江生物多样性》）

12. 在河北塞罕坝机械林场，一棵棵绿树挺拔，曾是“黄沙遮天日，飞鸟无栖树”的荒漠沙地，变成“万里蓝天白云游，绿野繁花无尽头”的万亩林海。

（摘自《“一以贯之、持续做下去”》）

13. 青山行不尽，绿水去何长。当前，我国经济社会发展已进入加快绿色化、低碳化的高质量发展阶段，生态文明建设仍处于压力叠加、负重前行的关键期。坚持生态优先、绿色发展，驰而不息、久久为功，定能谱写新时代生态文明建设新篇章，让群众生态获得感成色更足。

（摘自《读懂一组组数据背后的生态之变》）

六、主题：道德法治

1.“天下之事，不难于立法，而难于法之必行。”当务之急就是以司法、执法等手段，加强监管，督促各地把无障碍环境建设法的相关规定落实好。

（摘自《让无障碍环境建设法落到实处》）

2.取之有制、用之有节则裕，取之无制、用之不节则乏。珍惜粮食、厉行节约，不仅是中华民族的传统美德，也是餐饮行业高质量发展的必然要求。

（摘自《反餐饮浪费要做到“常”紧盯“新”》）

3.“积善之家，必有余庆”。家风好，就能家道兴盛、和顺美满。孔子庭训“不学礼，无以立”，诸葛亮诫子“静以修身，俭以养德”，岳母刺字激励精忠报国，朱子家训“恒念物力维艰”……生动的家训故事、深刻的家教箴言，映照着言传身教的优良传统，承载着祖辈对后代的寄望，培厚了孩童的精神沃土。

（摘自《良好的家教家风使人向上向善》）

4.含德之厚，比于赤子。爱国是一种朴素的情感，也是立德之源。

（摘自《心有大我，至诚报国》）

5.学高为师，德高为范。教师的职业特性决定了教师必须是道德高尚的人群。合格的老师首先应该是道德上的合格者，好老师首先应该是以德施教、以德立身的楷模。

（摘自《言为士则　行为世范》）

6.历览前贤国与家，成由勤俭败由奢。勤俭节约是中华民族的传统美德。“俭，德之共也；侈，恶之大也”“克勤于邦，克俭于家”“静以修身，俭以养德”，这些古语都是在告诫人们要力戒奢侈浪费，坚持勤俭节约，养成不贪图安逸、向上奋进的品格。

（摘自《大力弘扬勤俭节约的优良传统》）

7. 从“克勤于邦、克俭于家”，到“劳则思，思则善心生”，诸多古训格言都彰显了勤俭自持的中华传统美德。

（摘自《寓教于劳，育才于勤》）

8. “一粥一饭，当思来处不易；半丝半缕，恒念物力维艰。”先贤的治家格言，至今仍具有深刻的启示意义。

（摘自《在全社会弘扬勤俭节约精神》）

9. 法治是国家治理体系和治理能力的重要依托。

（摘自《在法治轨道上全面建设社会主义现代化国家》）

10. 法与时转则治，治与世宜则有功。新时代，人民群众对民主、法治、公平、正义、安全、环境等方面的要求日益增长，对法治建设提出了更高要求、赋予了更多内涵。

（摘自《建设法治中国，良法善治护航美好生活》）

11. 人世间的美好梦想，只有通过诚实劳动才能实现；发展中的各种难题，只有通过诚实劳动才能破解；生命里的一切辉煌，只有通过诚实劳动才能铸就。人们耳熟能详的“谁知盘中餐，粒粒皆辛苦”“半丝半缕，恒念物力维艰”等警句，也从惜物的角度，提醒我们珍视劳动的价值。

（摘自《上好“劳动”这堂必修课》）

12. 应乐于担大义，始终把党和人民的利益放在第一位，胸怀“国之大者”，埋头苦干实干；保持共产党人的高风亮节，淡泊名利，勤勉奉献；慎用手中权力，“捧着一颗心来，不带半根草去”。应勇于克险关，明知山有虎、偏向虎山行，敢于接烫手山芋、钻矛盾窝。应善于挑重担，善作善成，像谷文昌那样拿出“不制服风沙，就让风沙把我埋掉”的气魄，将灾害肆虐的荒岛变成粮果丰收的宝岛；像李保国那样使出“你的幸福我包了”的硬功，让群众过上富裕生活；像黄大年那样立下“振兴中华，乃吾辈之责”的壮志，为“巡天探地潜海”领域填补多项技术空白。

（摘自《唯有忠诚真本色》）

13. 时代越是向前，越需要一大批好老师，坚定心有大我、至诚报国的理想信念，全面落实立德树人根本任务；陶冶言为士则、行为世范的道德情操，努力做“经师”和“人师”相统一的“大先生”；涵养启智润心、因材施教的育人智慧，让每个学生都有人生出彩的机会；秉持勤学笃行、求是创新的躬耕态度，成为终身学习的践行者；勤修乐教爱生、甘于奉献的仁爱之心，用大爱书写教育人生；树立胸怀天下、以文化人的弘道追求，弘扬全人类共同价值。

（摘自《牢记为党育人、为国育才的初心使命》）

14. 铭刻在人们心中的法治，是真正牢不可破的法治。不忘初心，方得始终。法治为民，诠释着中国特色社会主义法治的价值底色。

（摘自《法治中国　人民至上》）

15. 法治是人类文明进步的重要标志，是治国理政的基本方式，是中国共产党和中国人民的不懈追求。一切为了人民，这是法治中国的目标指引。

（摘自《为“中国之治”夯实法治根基》）

16. 榜样是看得见的哲理，典型是鲜活的价值引领。学先进更应争当先进，赶先进才能先进辈出。新时代是奋斗者的时代，也是在奋斗中成就伟业、造就人才的时代。

（摘自《学先进，赶先进》）

17. “天下至德，莫大乎忠”。自古以来，中华民族对忠诚的赞颂与追求赓续不绝，历史长河中涌现出的忠臣义士不胜枚举，忠诚早已成为中国人的精神基因。诸葛亮说：“人之忠也，犹鱼之有渊。鱼失水则死，人失忠则凶。”忠诚，体现为以身许党许国，是英雄模范人物的信念和特质。

（摘自《以忠诚、执着、朴实成就大写人生》）

18. 令在必信，法在必行。制度的生命力在于执行，关键在真抓，靠的是严管。

（摘自《阔步迈向人与自然和谐共生的现代化》）

19.“礼，与其奢也，宁俭”，让彩礼回归“礼”的本质，不仅需要整治高额彩礼的“标”，更应聚焦深化婚俗改革的“本”。

（摘自《让彩礼归“礼” 弘扬社会新风》）

20. 张富清封存赫赫战功，扎根人才匮乏的偏远山区，用自己的朴实纯粹、淡泊名利书写了精彩人生；黄旭华“甘做隐姓埋名人”，三十年“水下长征”无怨无悔，为国之重器奉献毕生心血……这样的人生选择与坚守，映照着“晓迎秋露一枝新，不占园中最上春”的豁然，展现出“不要人夸颜色好，只留清气满乾坤”的胸襟。

（摘自《涵养谦逊低调之风》）

七、主题：创新能力

1. 好收成，源自平日里一步一个脚印地推进、一个环节一个环节地紧抓，源自“藏粮于地、藏粮于技”的投入，源自锚定目标、日拱一卒的坚韧。

（摘自《感悟耐心的力量》）

2. 以数字赋能和“大综合一体化”为突破口，做好定期调度、赛马比拼和总结复盘，持续加大“统”的力度、运用“数”的手段、做好“治”的文章，才能更加主动拥抱 AI 时代，丰富完善应用场景，让数字创造更多奇妙的变化。

（摘自《用更多“15 分钟之变”传递数字之惠》）

3. 天以新为运，人以新为生。激活中华优秀传统文化“一池春水”，离不开创新之力。

（摘自《拓宽传统文化传承发展的路径》）

4.“不日新者必日退”。生活总是将成功的机会留给善于和勇于创新的人，谁排斥变革，谁拒绝创新，谁就会落后于时代，谁就会被历史淘汰。

正如钱学森所说，“没有大量错误作台阶，也就登不上最后正确结果的高座”。尤其是实现从“0”到“1”的原创性突破，需要开拓者们勇闯前所未知的“无人区”、攀登人迹罕至的“高寒带”，为他们提供全方位的“后勤保障”至关重要。

（摘自《做创新的引领者、推动者》）

5. 变则通，通则久。守正创新，是一些老字号能够历经沧桑而生生不息的“传家法宝”，也是构筑品牌新优势、实现长远发展的“不二法门”。

（摘自《老字号当有新作为》）

6. 匠从八方来，器成天下走，传承在技更在人。

（摘自《千年窑火的时代魅力》）

7.“志行万里者，不中道而辍足”，无论哪一个科学领域，越是接近未知的“无人区”、创造的“高寒区”，越是要坐稳“冷板凳”，以“一辈子办成一件事”的执着，奋力攻关，登上科学的高峰。

（摘自《把握创新规律　坚定攻关步伐》）

8. 创新从来不是无源之水、无本之木，需要涵养崇尚创新的制度，需要培厚鼓励创新的文化，需要打造支撑创新的环境载体。

（摘自《做创新的引领者、推动者》）

9. 抓住创新，就抓住了牵动经济社会发展全局的“牛鼻子”。嫦娥揽月、蛟龙入海、祝融探火，新技术支撑大国重器；人工智能、数字经济蓬勃应用，新产业积蓄发展动能；国际科技创新中心、综合性国家科学中心创新能级持续提升，新优势让我们把牢发展主动权。

（摘自《加快实施创新驱动发展战略》）

10. 只有坚持创新，才能从根本上改变关键核心技术受制于人的局面；只有坚持创新，才能解决不平衡不充分的发展问题，适应高质量发展要求；只有坚持创新，才能创造新产业、培育新动能，塑造未来发展的新优势。

（摘自《增强创新这个第一动力》）

11. 以先进科技为加持，新产品拓宽了销路；以服务创新为保障，新模式改变了养殖；以跨界融合为引领，新文旅提高了效益。

（摘自《走出“舒适区”谋创新》）

12. 形势逼人，挑战逼人，使命逼人。加快实现高水平科技自立自强，加快建设科技强国，我们不能等待、不能观望、不能懈怠。只有把科技的命脉掌握在自己手中，才能真正掌握竞争和发展的主动权，形成国际竞争新优势，才能“任凭风浪起，稳坐钓鱼船”，成功应对外部环境变化和各种外部冲击。

（摘自《中国式现代化关键在科技现代化》）

13. 创新是一棒接一棒的接力赛，也是你追我赶、竞争激烈的公开赛。

（摘自《咬定创新不放松》）

14. 自主创新惟靠矢志不渝，攻坚克难惟靠厚积薄发。

（摘自《聚焦国家需要释放高校科研潜力》）

15. 科技创新不仅是破解发展难题的关键变量，更是推动高质量发展的最大增量。

（摘自《在开放合作中提升科技创新能力》）

16. 问题是创新的起点，也是创新的动力源。

（摘自《“勇于涉险滩、破难题”》）

17. 在历史的长河里，中华民族始终以“苟日新，日日新，又日新”的精神不断创造自己的物质文明、精神文明和政治文明，中华文明成为世界上唯一没有中断且以国家形态发展至今的伟大文明。

（摘自《我们的创造生生不息》）

18. 推动文旅融合，并非只是原封不动地对文化进行呈现，而是要在守住历史文脉、文化精粹之“正”的基础上进行创造性转化、创新性发展，达到“以古人之规矩，开自己之生面”的目的。

（摘自《“文旅”在“旅”也在“文”》）

19. 创新意味着勇于探索、开辟新境。我们的先人们早就提出，“周虽旧邦，其命维新”“苟日新，日日新，又日新”。历史告诉我们，知常明变者赢，守正创新者进。

（摘自《守正创新，不脱实向虚》）

八、主题：勤奋刻苦

1. 一个个色彩斑斓的青春梦想，在不舍寸功中开花结果，在日夜坚守中可感可及，在平凡岗位的奋斗中出彩闪光，为逐梦前行的伟大时代写下生动注脚。

（摘自《在青春的赛道上奋力奔跑》）

2. 前进道路上，我们要拿出“狭路相逢勇者胜”的气概，发扬“越是艰险越向前”的精神，保持“乱云飞渡仍从容”的定力，练就“踏平坎坷成大道”的本领，在有效应对重大挑战、抵御重大风险、克服重大阻力、解决重大矛盾中冲锋在前、建功立业。

（摘自《增强实现中华民族伟大复兴的精神力量》）

3. 同广大青年打成一片，做青年友，不做青年“官”，多为青年计，少为自己谋。要培养担当实干的工作作风，不尚虚谈、多务实功，勇于到艰苦环境和基层一线去担苦、担难、担重、担险，老老实实做人，踏踏实实干事。要涵养廉洁自律的道德修为，心有所畏、言有所戒、行有所止，不断锤炼意志力、坚忍力、自制力，做一个一心为公、一身正气、一尘不染的人。

（摘自《习近平在庆祝中国共产主义青年团成立100周年大会上的讲话》）

4. 人的青春时光只有一次，应该好好珍惜。从“为了中华之崛起”而读书，到“立志为强国建设、民族复兴而读书”，年轻一代珍惜韶华，潜心读书，敏于求知，通过读书立大志、明大德、成大才、担大任，才能不负青春、不负期待，更好以真才实学服务人民，以创新创造贡献国家。

（摘自《珍惜韶华，潜心读书》）

5.“遵道而行，但到半途须努力；会心不远，要登绝顶莫辞劳”。越是接近民族复兴的目标，越不能懈怠，越要加倍努力。

（摘自《在新时代新征程上创造出新的更大辉煌》）

6. 对青年而言，越是选择多样，越应读懂一辈子一件事的精神密码。这其中，有“偏毫厘不敢安”的精益求精，有“闻韶不知肉味”的一腔热忱，有“板凳甘坐十年冷”的恒心毅力，有“俯首甘为孺子牛”的无私奉献。

（摘自《读懂“一辈子一件事”的精神密码》）

7. 传承红旗渠精神，用青春热血创造新奇迹，就要敢于迎难而上、不怕啃“硬骨头”，遇到困难不轻言放弃，以愚公移山的精神跨越新时代的“娄山关”“腊子口”；就要大胆创新、敢为人先，善于捕捉创新创造的每一个机会与灵感，力争在本职岗位上有所发现、有所发明、有所创造；就要勇于担当、敢为人先，在挑战中发现机遇、在问题中找到出路、在挫折中磨炼成长。

（摘自《继承和发扬吃苦耐劳、自力更生、艰苦奋斗的精神》）

8.“心心在一艺，其艺必工；心心在一职，其职必举。”“一辈子办成一件事”的执着，始终是成就事业的必备品质。

（摘自《读懂“一辈子一件事”的精神密码》）

9. 走过“雄关漫道真如铁”的昨天，奋进在“人间正道是沧桑”的今天，眺望“长风破浪会有时”的明天，强国建设、民族复兴的宏伟目标令人鼓舞、催人奋进，我们这一代共产党人使命光荣、责任重大。

（摘自《加强党的创新理论武装》）

10.“举目已是千山绿，宜趁东风扬帆起”。奔赴光荣与梦想的远征，全党全社会弘扬奋斗精神，艰苦奋斗、顽强奋斗、接续奋斗、团结奋斗，必能创造出一个更加美好的中国！

（摘自《在全社会弘扬奋斗精神》）

11. 时间属于奋进者，历史属于奋进者。保持时不我待的奋进姿态，以“不畏浮云遮望眼”的清醒、“咬定青山不放松”的执着、“斗罢艰险又出发”的精神，撸起袖子加油干，全力以赴拼发展，我们必能用实际行动扎实推进中国式现代化，在新征程上书写让世界刮目相看的新的更大奇迹。

（摘自《保持时不我待的奋进姿态》）

12. 奋斗的道路不会一帆风顺，往往荆棘丛生、充满坎坷。志不求易者成，事不避难者进。青年人勇于到条件艰苦的基层、国家建设的一线、项目攻关的前沿去经受锻炼、增长才干，才能成就一番事业。

（摘自《做艰苦奋斗、无私奉献的模范》）

13. “骐骥一跃，不能十步；驽马十驾，功在不舍。”保持历史耐心，既要有“任凭风浪起，稳坐钓鱼船”的从容自信，又要有“千磨万击还坚劲，任尔东西南北风”的坚韧意志，还要有“千里之行，始于足下”的踏实稳健。

（摘自《保持历史耐心和战略定力》）

14. “追风赶月莫停留，平芜尽处是春山。”对于奋斗者而言，春天是播种的季节，有“春华”才有“秋实”。让我们激扬气吞万里如虎的雄风，踔厉奋发、笃行不怠，不负历史、不负韶华，在新征程上续写新的璀璨华章。

（摘自《拼搏是最美的人生状态》）

15. 敢于担当者，不是坐而论道的清谈客，而是起而行之的实干家。

（摘自《自觉做勇于担当作为的不懈奋斗者》）

16. “人生在勤，勤则不匮。”农耕文明孕育的勤劳质朴、崇礼亲仁的品格，已化为代代传承的文化基因，融入民族血脉。

（摘自《丹青抒写耕耘志》）

17. 在奔跑中拥抱梦想，用汗水浇灌未来，无数努力拼搏的追梦人，彰显了“咬定青山不放松”的韧劲、“越是艰险越向前”的勇毅、“山登绝顶我为峰”的自强。

（摘自《追梦不止，踏实奋斗》）

18. 越是伟大而艰巨的事业，越要保持“咬定青山不放松”的战略定力，增强“越是艰险越向前”的刚健勇毅，砥砺“踏平坎坷成大道”的顽强意志，稳扎稳打向前进。

（摘自《让老百姓过上更好的日子》）

九、主题：成绩成就

1. 从广袤原野到繁华都市，从生产车间到研发场所，从辽阔大洋到浩瀚太空，处处涌动着发展新质生产力的热潮。向“新”而行，以“质”致远，发展新质生产力、推动高质量发展的生动实践，描绘着中国式现代化的新图景。

（摘自《做好发展新质生产力这篇大文章》）

2. 逢山开路、遇水架桥。中国经济展现强大韧实力，成为全球经济发展的主要稳定器和动力源。“一带一路”一头联通世界、不断延展，一头深深扎根中国。中国有古语：“执大象，天下往。”

（摘自《行大道的中国》）

3. 每个人都能在“春风得意马蹄疾，一日看尽长安花”的喜悦中、“沾衣欲湿杏花雨，吹面不寒杨柳风”的希望里，在李白的豪迈、杜甫的沉郁、陶渊明的恬淡中汲取营养，用古老诗句激活骨子里的文化基因，建构精神沃野中的希望家园。

（摘自《滋养我们的诗意人生》）

4. 好口碑，来自为民造福、心底无私的初心；好口碑，来自扑下身子、一抓到底的实干；好口碑，来自锲而不舍、久久为功的担当。

（摘自《把丰碑立在人民群众心中》）

5. 涵养“功成不必在我”的境界，强化“功成必定有我”的担当，树牢“做就要做好，坚定做下去”的信念，久久为功，步步深入，何愁不能推动黄河流域生态保护和高质量发展不断取得新成效。

（摘自《打好黄河“几字弯”攻坚战》）

6. 铆足“向最难之处攻坚”的拼劲，“再难也要想办法解决”；保持“一滴滴水对准一块石头”的韧劲，“目标一致，矢志不移”；凝聚“众人拾柴火焰高”的心劲，“形成一盘棋，拧成一股绳”。

（摘自《“有利于百姓的事再小也要做”》）

7. 如今，在广大农村地区，面对利益纠纷，秉持公心、将心比心；遇到发展难题，开拓思路、大胆创新；针对困难挑战，敢于斗争、滚石上山……基层党组织成为农民群众的“主心骨”，带领村民跑出了乡村振兴“加速度”。

（摘自《给钱给物，不如给个好支部》）

8. 回望新时代这十年，智能机器人、增材制造等技术加快突破，有力推动制造业升级发展；超级计算、人工智能、大数据、区块链等新兴技术加快应用，推动数字经济等新产业新业态蓬勃发展；深海油气、煤炭清洁高效利用，新型核电技术为国家能源安全提供了有力保障……

（摘自《让创新的动能更澎湃》）

9. 在基层立法联系点，人们踊跃参与建言献策，让每一部法律都满载民意；在“援法议事堂”，“有事来评议，没事来坐坐”，群众积极议事评事；在广袤农村，从下乡的村（居）法律顾问，到身边的“法律明白人”，法治乡村建设全力推进，村民遇事找法触手可及。

（摘自《法治中国　人民至上》）

10. 在千回百转中寻找出路，在千难万险中向前挺进，在千磨万击中发展壮大，在千辛万苦中夺取胜利，我们党把马克思列宁主义基本原理同中国具体实际相结合，创立、丰富和发展了毛泽东思想，是马克思主义中国化的第一次历史性飞跃。

（摘自《掌握历史主动　凝聚奋进伟力》）

11. 蓄泄兼筹、入海通畅，水安全更有保障；河畅水清、岸绿景美，水生态持续向好；织密水网、科学调度，水资源高效配置。

（摘自《千里淮河展新颜》）

12. 从白山黑水到南海之滨，从雪域高原到东部沿海，今天的中国，江山壮丽，人民豪迈。

（摘自《今天的中国，是充满生机活力的中国》）

13. 百舸争流，千帆竞发，一个充满活力的中国，也必然是一个蒸蒸日上、未来可期的中国。

（摘自《流动的中国，充满繁荣发展活力》）

14. 一个个山乡巨变，一幅幅锦绣画卷，生动诠释了中国共产党人“千方百计让老百姓过上好日子”的不变追求。

（摘自《让青春在推进乡村全面振兴中绽放光彩》）

15. 这片曾经寥无人烟的沙海，如今正澎湃着能源汩汩流动的脉搏。

（摘自《塔里木盆地已建成我国最大超深层油气生产基地》）

16. 在他们身上，我们看到了“干一行钻一行”的精益求精，看到了“偏毫厘不敢安”的一丝不苟，看到了“千万锤成一器”的卓越追求。

（摘自《追求卓越，不断突破和创造奇迹》）

17. 眺望前方的奋进路，坚定不移听党话、跟党走，在思想上固根守魂，在实践中奋发有为，咬定青山不放松、千磨万击还坚劲，我们就一定能创造出不负时代、不负人民的新业绩。

（摘自《唯有忠诚真本色》）

18.“壹引其纲，万目皆张”。通过重点领域改革的“一子落”，才能带动全面深化改革棋局的“全盘活”。

（摘自《“弹钢琴”与“牵牛鼻子”》）

19. 古人言，“不徐不疾，得之于手而应于心”。如今，我国科研经费投入逐年增加，科研条件越来越好，广大科研工作者牢记“科技是国之利器，国家赖之以强，企业赖之以赢，人民生活赖之以好”，勇于担当时代责任，葆有“一辈子办成一件事”的执着，就一定能创造更多创新成果，成就有价值的人生。

（摘自《稳扎稳打　善作善成》）

20. 实体经济是金融的根基，金融是实体经济的血脉，二者共生共荣，正所谓“农工商交易之路通，而龟贝金钱刀布之币兴焉”。

（摘自《守正创新，不脱实向虚》）

十、主题：清正廉洁

1. 参加过“平江起义”的李聚奎长期在军队和地方担任重要领导职务，从不居功自傲，坚持“违法的事情不能做”，清正廉洁数十年。深藏功名、初心如磐的张富清，数十年如一日甘于奉献、严于律己，虽然家中曾遭遇困难，但始终艰苦朴素无所求。

（摘自《自身硬首先要自身廉》）

2. 清正廉洁，是党员干部为官从政的基本底线。从人民利益出发，用好人民赋予的权力，把造福人民的实事办实，把造福人民的大事小事办好，把造福人民的难事办妥，这是一份承诺，更是一份忠诚。共产党人干事创业，图的是造福百姓，为的是家国兴旺。把做官当做事，把用权当履责，踔厉奋发、笃行不怠，勇于担当、不负使命，这是党员干部应有的境界。

（摘自《树立正确的权力观》）

3. 风清则气正，气正则心齐，心齐则事成。

（摘自《“八项规定改变中国！”》）

4. “不矜细行，终累大德。”对党员干部而言，清廉是对党和人民的最好交代，也是对自己的最好爱护、对家人的最好馈赠。

（摘自《“拍蝇”不手软　反腐惠民生》）

5. “廉者，政之本也。”清正廉洁是中国共产党人的政治本色。

（摘自《筑牢不想腐的思想根基》）

6. 从做好小事、管好小节开始，“见善则迁，有过则改”，持之以恒，方能养大德、成大业。《礼记》载：“君子慎始，差若毫厘，谬以千里。”无论是为人处世，还是为官做事，都要有慎始意识，走好人生每一步。对于年轻干部来说，更要有“检身若不及”的自觉，不断改造自己、提高自己，祛除不良习气、纠正错误言行，扣好廉洁从政的“第一粒扣子”。

（摘自《让“黄豆”多起来、“黑豆”少起来》）

7. 得一官不荣，失一官不辱，勿道一官无用，地方全靠一官；穿百姓之衣，吃百姓之饭，莫以百姓可欺，自己也是百姓。

（摘自《锲而不舍建设新时代廉洁文化》）

8. 警示教育，要真正把自己摆进去。有病早治、无病早防，以“检身若不及”的态度，对照检视自身的一言一行，及时“扫尘治病”。如果党员、干部把自己当成“看客”，把案例当“故事”，那就可能会“后人哀之而不鉴之，亦使后人而复哀后人也”。

（摘自《用好警示教育这剂“良药”》）

9. 脑子里要有个“紧箍咒”，就意味着党员、干部时刻要用纪律这把“戒尺”敲打自己，保持“吾日三省吾身”的清醒，做到“心不动于微利之诱，目不眩于五色之惑”，始终坚守共产党人的初心与本色。

（摘自《脑子里要有个“紧箍咒”》）

10. “不自重者致辱，不自畏者招祸。”要把《条例》变为约束自己言行的“紧箍咒”，始终战战兢兢、如履薄冰，“勿以恶小而为之”。把纪律规矩转化为政治自觉、思想自觉、行动自觉，达到“从心所欲不逾矩”。

（摘自《“三省吾身”学党纪》）

11. 古人讲：“心不可乱，则利至而必知，害至而必察。”把纪律规矩转化为思想自觉，就要把遵规守纪刻印在心，内化为言行自律。

（摘自《把纪律规矩转化为政治自觉、思想自觉、行动自觉》）

12. 古人言，懿德茂行，可以励俗。中央八项规定涤荡了党风政风、学风文风中的不良因子，也极大促成了社会风气的净化、精神面貌的提振。

（摘自《“八项规定改变中国”的深刻启示》）

13. 要常修为政之德，常怀律己之心，常思贪欲之害，勿以善小而不为，勿以恶小而为之，坚持从小事小节中加强修养、完善自己，严以修身，正心明道，永葆共产党人的清廉作风。

（摘自《永葆共产党人的清廉作风》）

14. “室雅何须大，花香不在多。”知足知止，难在坚守，关键在于常修身、常反省，牢固树立以人民为中心的发展思想，在廉洁堤坝面前知止，在为民服务方面知进。

（摘自《知止与知进》）

15. 夯实党员干部廉洁从政的思想道德基础，还需积极借鉴我国历史上优秀廉政文化。从当官之法“曰清、曰慎、曰勤”，到家风建设“莫用三爷，废职亡家”；从防范小事小节的“不矜细行，终累大德”，到改进作风要“善禁者，先禁其身而后人”……习近平总书记多次引用廉政文化典故，用珍惜名节、注重操守、干净为官的优秀廉政文化为广大党员干部提供精神滋养。

（摘自《构筑拒腐防变的思想堤坝》）

16. “经国序民，正其制度。”历史经验一再表明，没有健全的制度，权力没有关进制度的笼子里，腐败现象就控制不住。“徒法不足以自行”，法规制度的生命力在于执行。加强反腐倡廉法规制度建设，必须一手抓制定完善，一手抓贯彻执行。

（摘自《扎紧防治腐败的制度笼子》）

17. 纵览古今中外，大凡雄才伟略的治国者，往往都十分注重总结历史经验，从浩瀚历史中探寻成功之道。正所谓“以铜为鉴，可以正衣冠；以人为鉴，可以明得失；以史为鉴，可以知兴替”。

（摘自《历史回响未来启迪》）

附录（二）

马克思主义立场、观点、方法精选

★辩证唯物主义部分

一、世界的物质统一性

［马克思主义基本原理］

世界统一于物质，即世界的一切事物和现象都是由物质构成的。

［方法论］

这一原理要求我们在想问题、办事情的时候，要一切从实际出发，实事求是，使主观与客观相符合。

［经典语句］

1. 世界的真正的统一性在于它的物质性。（恩格斯）

2. 物质是标志客观实在的哲学范畴，这种客观实在是人通过感觉感知的，它不依赖于我们的感觉而存在，为我们的感觉所复写、摄影、反映。（列宁）

二、物质与意识的辩证关系

［马克思主义基本原理］

物质决定意识，意识对物质具有能动作用。正确的意识对事物发展起促进作用，错误的意识对事物发展起阻碍作用。

［方法论］

这一原理要求我们在想问题、办事情的时候，要一切从实际出发，实事求是，使主观与客观相符合。

［经典语句］

1.“精神”从一开始就很倒霉，注定要受物质的“纠缠”。（马克思、恩格斯）

2. 意识在任何时候都只能是被意识到了的存在，而人们的存在就是他们的实际生活过程。不是意识决定生活，而是生活决定意识。（马克思、恩格斯）

3. 不是人们的意识决定人们的存在，相反，是人们的社会存在决定人们的意识。（马克思）

三、意识的能动作用

［马克思主义基本原理］

人能够能动地认识世界。世界上只有尚未认识之物，没有不可认识之物。人能够能动地改造世界。意识对物质具有反作用。高昂的精神催人奋进（充满信心），萎靡的精神使人丧失斗志（丧失信心）。

［方法论］

这一原理要求我们要重视意识的作用，重视精神的力量；自觉树立正确的思想意识，克服错误的思想意识。

［经典语句］

1. 经济上落后的国家在哲学上仍然能够演奏第一提琴。（恩格斯）

2. 统治阶级的思想在每一时代都是占统治地位的思想。（马克思、恩格斯）

3. 观念的东西不外是移入人的头脑并在人的头脑中改造过的物质的东西而已。（马克思）

4. 理论在一个国家实现的程度，总是取决于理论满足这个国家的需要

的程度。（马克思）

四、客观规律性与主观能动性的辩证关系

［马克思主义基本原理］

尊重客观规律是正确发挥主观能动性的前提和基础，发挥主观能动性是尊重客观规律的必要条件。

［方法论］

这一原理要求我们想问题、办事情，既要尊重客观规律，按规律办事，又要充分发挥主观能动性，认识和利用规律，把尊重客观规律性和发挥主观能动性有机结合起来。

［经典语句］

人们自己创造自己的历史，但是他们并不是随心所欲地创造，并不是在他们自己选定的条件下创造，而是在直接碰到的、既定的、从过去承继下来的条件下创造。（马克思）

五、物质与运动的辩证关系

［马克思主义基本原理］

物质与运动密不可分，世界上不存在脱离运动的物质，也没有离开物质的运动。物质是运动的物质，运动是物质的根本属性和存在方式。运动是物质的运动，物质是运动的承担者。

［方法论］

这一原理要求我们要用运动、变化、发展的观点看问题；要求我们想

问题、办事情，要一切以时间、地点、条件为转移。

［经典语句］

没有运动的物质和没有物质的运动一样，是不可想象的。（恩格斯）

六、运动与静止的辩证关系

［马克思主义基本原理］

运动是绝对的、永恒的、无条件的；静止是相对的、暂时的、有条件的。物质世界是绝对运动和相对静止的统一。整个世界处于永恒的运动变化之中，静止是运动的特殊状态。

［方法论］

这一原理要求我们要用运动、变化、发展的观点观察和处理问题。要看到事物相对静止的存在，坚持相对静止和绝对运动的统一。

［经典语句］

不管最近 25 年来的情况发生了多大的变化，这个《宣言》中所阐述的一般原理整个说来直到现在还是完全正确的。某些地方本来可以作一些修改。这些原理的实际运用，正如《宣言》中所说的，随时随地都要以当时的历史条件为转移。（马克思、恩格斯）

七、规律的客观性与普遍性

［马克思主义基本原理］

规律是事物运动过程中固有的、本质的、必然的、稳定的联系。规律的客观性不以人的意志为转移，既不能被创造也不能被消灭。

［方法论］

这一原理要求我们必须尊重客观规律，按客观规律办事。

［经典语句］

我们不要过分陶醉于我们人类对自然界的胜利。对于每一次这样的胜利，自然界都对我们进行报复。每一次胜利，起初确实取得了我们预期的结果，但是往后和再往后却发生完全不同的、出乎预料的影响，常常把最初的结果又消除了。（恩格斯）

八、实践

［马克思主义基本原理］

实践具有直接现实性、客观物质性、能动性、社会历史性。

［方法论］

这一原理要求我们要具体分析时间的条件性。

［经典语句］

1. 哲学家们只是用不同的方式解释世界，问题在于改变世界。（马克思）

2. 全部社会生活在本质上是实践的。凡是把理论引向神秘主义的神秘东西，都能在人的实践中以及对这个实践的理解中得到合理的解决。（马克思）

3. 实际上，而且对实践的唯物主义者即共产主义者来说，全部问题都在于使现存世界革命化，实际地反对并改变现存的事物。共产主义对我们来说不是应当确立的状况，不是现实应当与之相适应的理想。我们所称为共产主义的是那种消灭现存状况的现实的运动。（马克思、恩格斯）

九、实践与认识的辩证关系

［马克思主义基本原理］

实践是认识的基础，实践是认识的来源，实践是认识发展的动力，实践是检验真理的唯一标准，实践是认识的目的和归宿。认识对实践具有反作用。

［方法论］

这一原理要求我们要树立实践第一的观点。重视认识的反作用，特别是科学理论的指导作用，坚持理论与实践相结合，做到理论与实践的具体的历史的统一。

［经典语句］

1. 从前的一切唯物主义（包括费尔巴哈的唯物主义）的主要缺点是：对对象、现实、感性，只是从客体的或者直观的形式去理解，而不是把它们当作感性的人的活动，当作实践去理解，不是从主体方面去理解。（马克思）

2. 社会一旦有技术上的需要，则这种需要就会比十所大学更能把科学推向前进。（恩格斯）

3. 没有革命的理论，就没有革命的运动。（列宁）

十、真理的条件性与具体性

［马克思主义基本原理］

真理是人们对客观事物及其规律的正确反映。真理是具体的、有条件的。任何真理都有自己适用的条件和范围，相对于特定过程来说的，都是主观与客观、理论与实践的具体的历史的统一。

［方法论］

这一原理要求我们要坚持真理，做到主观与客观的具体的历史的统一，在实践中认识真理、发现真理、检验真理。

［经典语句］

人的思维是否具有客观的真理性，这不是一个理论的问题，而是一个实践的问题。人应该在实践中证明自己思维的真理性，即自己思维的现实性和力量，自己思维的此岸性。（马克思）

十一、认识的反复性与无限性

［马克思主义基本原理］

认识具有反复性。由于受主客观条件限制，人类追求真理不是一帆风顺的，人们对一个事物的正确认识要经过从实践到认识，再从认识到实践的多次反复才能完成。认识具有无限性，是无限发展的，追求真理是一个永无止境的过程。

［方法论］

这一原理要求我们要与时俱进、开拓创新，在实践中认识真理和发展真理。

［经典语句］

一个正确的认识，往往需要经过由物质到精神，由精神到物质，即由实践到认识，由认识到实践这样多次的反复，才能够完成。（毛泽东）

十二、联系的客观性、普遍性、多样性

［马克思主义基本原理］

事物是普遍联系的，任何事物都与周围其他事物有着这样或那样的联系，没有任何一个事物是孤立存在的。整个世界是一个普遍联系的有机整体。事物的联系是客观的，联系是事物本身固有的，不以人的意志为转移。事物的联系是多种多样的。联系是有条件的、具体的。（直接与间接、内部与外部、本质与非本质、必然与偶然联系）

［方法论］

这一原理要求我们要用联系的观点看问题，反对用孤立的观点看问题，反对主观臆断，善于分析和把握事物存在和发展的各种条件，一切以实践、地点、条件为转移。

［经典语句］

当我们通过思维来考察自然界或人类历史或我们自己的精神活动的时候，首先呈现在我们眼前的，是一幅由种种联系和相互作用无穷无尽地交织起来的画面。（恩格斯）

十三、整体与部分的辩证关系

［马克思主义基本原理］

整体与部分相互联系、密不可分。整体是事物全局和发展的全过程，居于主导地位。部分是事物发展局部或各阶段，影响整体，关键部分对整体功能起决定作用。（例如，坐井观天和盲人摸象故事、木桶原理等）

［方法论］

这一原理要求我们要树立全局观念，立足整体，统筹全局，实现整体的最优目标。重视部分的作用，抓住关键部分，用局部的发展推动整体的发展。

［经典语句］

物质生活的生产方式制约着整个社会生活、政治生活和精神生活的过程。（马克思）

十四、系统

［马克思主义基本原理］

系统是由相互联系和相互作用诸要素构成的统一整体。

［方法论］

这一原理要求我们要着眼于事物的整体性，重视整体的功能，注意遵循系统内部结构的有序性和优化趋向。

［经典语句］

一个伟大的基本思想，即认为世界不是一成不变的事物的集合体，而是过程的集合体。其中各个似乎稳定的事物以及它们在我们头脑中的思想映像即概念，都处在生成和灭亡的不断变化中。（恩格斯）

十五、事物发展的普遍性

［马克思主义基本原理］

世界是变化发展的，是新事物的产生和旧事物的灭亡。坚持发展的观点看问题，反对静止的观点看问题。道路是曲折的，前途是光明的。坚持做好量的准备，促进事物的质变。

［方法论］

这一原理要求我们要用发展的观点看问题，反对静止的观点看问题，解放思想，与时俱进，培养创新精神。

［经典语句］

当我们通过思维来考察自然界或人类历史或我们自己的精神活动的时候，首先呈现在我们眼前的，是一幅由种种联系和相互作用无穷无尽地交织起来的画面，其中没有任何东西是不动的和不变的，而是一切都在运动、变化、生成和消逝。（恩格斯）

十六、事物发展的总趋势

［马克思主义基本原理］

事物发展的方向是前进的上升的，事物前进的道路是曲折的迂回的，是前进性和曲折性的统一。既要看到前途是光明的，对未来充满信心，鼓励和支持新事物的发展，又要做好思想准备，克服前进道路上的困难，接受挫折和考验。

［方法论］

这一原理要求我们既要看到前途是光明的，对未来充满信心；又要做好充分的思想准备，不断克服前进道路上的各种困难。

［经典语句］

事物的辩证发展就是经过两次否定，出现三个阶段即“肯定—否定—否定之否定”，形成一个周期。事物的这种否定之否定的过程，从内容上看，是自己发展自己、自己完善自己的过程。从形式上看，是螺旋式上升或波浪式前进，方向是前进上升的，道路是迂回曲折的，是前进性与曲折性的统一。（马克思）

十七、因果联系

［马克思主义基本原理］

原因总是伴随一定的结果，结果总是由一定原因引起的。任何事物都处于因果联系当中，因果联系是普遍存在的，不以人的意志为转移。

［方法论］

这一原理要求我们承认因果联系的普遍性和客观性，善于总结，善于反思，提高人们实践活动的自觉性和预见性。

［经典语句］

自然哲学的主要任务是不作虚构假说而从现象来讨论问题，并从结果导出其原因，直到我们找到第一个原因为止。（牛顿）

十八、内因与外因的辩证关系

［马克思主义基本原理］

内因是变化的根据，外因是变化的条件，外因通过内因起作用。任何事物的发展都是内外因共同作用的结果。

［方法论］

这一原理要求我们要坚持内外因相结合。例如，我国必须坚持独立自主，依靠自己的力量；又要对外开放，充分利用外部条件，发展与其他国家的友好合作。

［经典语句］

外因是变化的条件，内因是变化的根据，外因通过内因而起作用。（毛泽东）

十九、质量互变规律

［马克思主义基本原理］

量变是质变的必要准备，质变是量变的必然结果。量变中有质变部分，质变中有量的扩张。任何事物都是质和量的统一体，认识事物的度才能准确认识事物的质，做到“胸中有数”，才能在实践中掌握适度原则，防止“过”与“不及”，避免“左”或“右”的错误。

［方法论］

这一原理要求我们要重视量的积累，为实现事物的质变创造条件；要果断地抓住时机，促成质变，实现事物的飞跃。

［经典语句］

没有物质或运动的增加或减少，即没有有关的物体的量的变化，是不可能改变这个物体的质的。（恩格斯）

二十、矛盾对立统一规律

［马克思主义基本原理］

世界上一切事物都包含既相互对立又相互统一的两个方面。矛盾（即对立统一）具有统一性和斗争性两种属性。对立是矛盾双方相互排斥、相互对立的属性，统一是矛盾双方相互吸引、相互贯通的属性。矛盾双方相互依赖、相互贯通，并在一定条件下相互转化。用一分为二和全面的观点看问题；坚持二分法和两点论，反对用片面观点看问题。

［方法论］

这一原理要求我们要坚持用一分为二的全面的观点看问题。

［经典语句］

事物的矛盾法则，即对立统一的法则，是唯物辩证法的最根本的法则。（毛泽东）

二十一、矛盾普遍性和特殊性的辩证关系

［马克思主义基本原理］

矛盾具有普遍性和特殊性。矛盾无处不在、无时不有。共性与个性、一般与个别的关系。矛盾的普遍性和特殊性相互联结，一方面，普遍性寓于特殊性之中，并通过特殊性表现出来，没有特殊性就没有普遍性；另一方面，特殊性离不开普遍性。特殊性包含普遍性。矛盾的普遍性和特殊性在一定场合下会相互转化。矛盾具有特殊性，坚持具体问题具体分析。反对“一刀切”。坚持从个性到共性，再从共性到个性的认识秩序。把马克思主义普遍原理与中国具体实际相结合。

［方法论］

这一原理要求我们要在矛盾普遍性原理的指导下，具体分析矛盾的特殊性，不断实现矛盾的普遍性与特殊性、共性与个性的具体的历史的统一。

［经典语句］

这一共性个性、绝对相对的道理，是关于事物矛盾的问题的精髓，不

懂得它，就等于抛弃了辩证法。（毛泽东）

二十二、主要矛盾与次要矛盾、矛盾主要方面与次要方面的辩证关系

［马克思主义基本原理］

处于支配地位，对事物发展起决定作用的矛盾是主要矛盾。处于从属地位，对事物发展不起决定作用的矛盾是次要矛盾。二者相互依赖、相互影响，并在一定条件下相互转化。在一个矛盾中，处于支配地位、起主导作用的是矛盾的主要方面；处于被支配地位、起次要作用的是矛盾的次要方面。二者相互依赖、相互排斥，并在一定条件下相互转化。坚持两点论与重点论的统一，着重把握矛盾的主要方面，分清主流和支流。

［方法论］

这一原理要求我们要把握住两点论和重点论的统一。两点论，就是要同时看到主要矛盾和次要矛盾、矛盾的主要方面和次要方面的辩证关系，不能只看一方面而忽视另一方面。重点论，就是在看到两个方面的同时，必须分清主次，抓住主要矛盾和矛盾的主要方面。

［经典语句］

在复杂的事物的发展过程中，有许多的矛盾存在，其中必有一种是主要的矛盾，由于它的存在和发展规定或影响着其他矛盾的存在和发展。（毛泽东）

二十三、辩证否定

［马克思主义基本原理］

辩证的否定是事物自身的否定，即自己否定自己，是联系和发展的环节。辩证否定的实质是扬弃。必须树立创新意识，不唯上、不唯书、只唯实，尊重书本知识、尊重权威，立足实践、解放思想、实事求是、与时俱进，不断实现理论与实践创新。

［方法论］

这一原理要求我们必须树立创新意识，做到不唯上、不唯书、只唯实。因此，我们不仅要尊重书本知识、尊重权威，还要立足实践、解放思想、实事求是、与时俱进，不断实现理论和实践的创新与发展，在认识世界和改造世界的活动中取得成功。

［经典语句］

辩证法在对现存事物的肯定的理解中同时包含对现存事物的否定的理解，即对现存事物的必然灭亡的理解；辩证法对每一种既成的形式都是从不断的运动中，因而也是从它的暂时性方面去理解；辩证法不崇拜任何东西，按其本质来说，它是批判的和革命的。（马克思）

二十四、辩证法的革命批判精神与创新意识

［马克思主义基本原理］

辩证法本质上是批判的、革命的、创新的；辩证法的革命批判精神和创新意识是紧密相连的。

［方法论］

这一原理要求我们要把辩证法的革命批判精神和创新意识紧密联系在一起。辩证法的革命精神和批判性思维要求我们，密切关注变化发展着的实际，敢于突破与实际不相符合的成规陈说，敢于破除落后的思想观念；注重研究新情况，善于提出新问题。

［经典语句］

1. 凡是现实的都是合乎理性的，凡是合乎理性的都是现实的。（黑格尔）

2. 分析经济形式，既不能用显微镜，也不能用化学试剂。二者都必须用抽象力来代替。（马克思）

二十五、改造主观世界与客观世界

［马克思主义基本原理］

改造主观世界是为了更好改造客观世界，改造客观世界的同时也改造着自己的主观世界。在改造客观世界的同时，努力改造自己的主观世界。改造自己的思想，树立科学的世界观、人生观和价值观。改造自己的认识能力。

［方法论］

这一原理要求我们在改造客观世界时，由于会不断遇到新事物、新问题，为解决新问题，就需要不断地改造自己的主观世界。通过自觉改造主观世界，又能提高改造客观世界的能力。在这种互相作用之中，人们不断地改善着主观世界同客观世界的关系，达到促进客观世界的发展和人自身的不断完善这样双重的目的。

［经典语句］

1. 一个社会即使探索到了本身运动的自然规律，……它还是既不能跳过也不能用法令取消自然的发展阶段。但是它能缩短和减轻分娩的痛苦。（马克思）

2. 原则不是研究的出发点，而是它的最终结果；这些原则不是被应用于自然界和人类历史，而是从它们中抽象出来的；不是自然界和人类去适应原则，而是原则只有在符合自然界和历史的情况下才是正确的。（恩格斯）

二十六、战略思维能力

［马克思主义基本原理］

战略思维能力，就是高瞻远瞩、统揽全局，善于把握事物发展总体趋势和方向的能力。

［方法论］

这一原理告诉我们，提高战略思维能力，要以小见大、见微知著，站在时代前沿和战略全局的高度观察、思考和处理问题，从政治上认识和判断形势，透过纷繁复杂的表面现象把握事物的本质和发展的内在规律，在解决突出问题中实现战略突破，在把握战略全局中推进各项工作。做到既抓住重点又统筹兼顾，既立足当前又放眼长远，既熟悉国情又把握世情。要增强战略定力，在重大原则问题上旗帜鲜明、态度明确，在复杂多变的国际局势中平心静气、静观其变，在制定政策时冷静观察、谨慎从事、谋定而后动。

［经典语句］

领导干部要善于进行战略思维，善于从战略上看问题、想问题。（习近平）

二十七、历史思维能力

［马克思主义基本原理］

历史思维能力，就是知古鉴今，善于运用历史眼光认识发展规律、把握前进方向、指导现实工作的能力。

［方法论］

这一原理告诉我们，提高历史思维能力，要加强对历史的学习，深刻把握历史规律、认清历史趋势、总结历史经验、牢记历史教训，在对历史的深入思考中做好现实工作、更好走向未来。

［经典语句］

1. 每一个时代的理论思维，包括我们这个时代的理论思维，都是一种历史的产物，它在不同的时代具有完全不同的形式，同时具有完全不同的内容。（恩格斯）

2. 我们看世界，不能被乱花迷眼，也不能被浮云遮眼，而要端起历史规律的望远镜去细心观望。（习近平）

二十八、辩证思维能力

［马克思主义基本原理］

辩证思维能力，就是承认矛盾、分析矛盾、解决矛盾，善于抓住关键、找准重点、洞察事物发展规律的能力。

［方法论］

这一原理告诉我们，提高辩证思维能力，要求我们客观地而不是主观地、发展地而不是静止地、全面地而不是片面地、系统地而不是零散地、普遍联系地而不是孤立地观察事物、分析问题、解决问题。要正确分析矛盾，在对立中把握统一、在统一中把握对立，克服极端化、片面化，善于运用辩证思维谋划经济社会发展。

［经典语句］

树立辩证思维和全局观念，系统研究谋划和解决法治领域人民群众反映强烈的突出问题，不断增强人民群众获得感、幸福感、安全感，用法治保障人民安居乐业。（习近平）

二十九、创新思维能力

［马克思主义基本原理］

创新思维能力，就是破除迷信、超越陈规，善于因时制宜、知难而进、开拓创新的能力。

［方法论］

这一原理告诉我们，提高创新思维能力，要求人们从根本上打破迷信经验、迷信本本、迷信权威的惯性思维，破除因循守旧、思想僵化、形式主义和无所作为，以敢为人先的锐气，勇于开拓新的方向，在把握事物发展客观规律的基础上实现变革和创新。

［经典语句］

纵观人类发展历史，创新始终是一个国家、一个民族发展的重要力量，也始终是推动人类社会进步的重要力量。不创新不行，创新慢了也不行。（习近平）

三十、法治思维能力

［马克思主义基本原理］

法治思维能力，就是增强尊法学法守法用法意识，善于运用法治方式治国理政的能力。

［方法论］

这一原理告诉我们，提高法治思维能力，要求增强法治观念，尊崇和遵守宪法法律，做到在法治之下而不是法治之外，更不是法治之上想问题、作决策、办事情，自觉在法治轨道上运用法治思维和法治方式深化改革、推动发展、化解矛盾、维护稳定。

［经典语句］

要自觉运用法治思维和法治方式深化改革、推动发展、化解矛盾，维护社会公平正义。（习近平）

三十一、底线思维能力

［马克思主义基本原理］

底线思维能力，就是客观地设定最低目标，立足最低点争取最大期望值的能力。

［方法论］

这一原理告诉我们，提高底线思维能力，要求善于运用底线思维的方法，居安思危、未雨绸缪，凡事从最坏处着眼、向最好处努力，打有准备、有把握之仗，牢牢把握工作主动权，着力防范化解重大风险。

［经典语句］

党的十八大以来，我多次强调要坚持底线思维，就是要告诫全党时刻牢记“安而不忘危，存而不忘亡，治而不忘乱”。新形势下，我国面临复杂多变的发展和安全环境，各种可以预见和难以预见的风险因素明显增多，如果得不到及时有效控制也有可能演变为政治风险。全党同志特别是各级领导干部必须增强风险意识，提高防范政治风险能力。（习近平）

★历史唯物主义部分

三十二、生产力与生产关系的辩证关系

［马克思主义基本原理］

生产力决定生产关系，生产关系对生产力具有能动的反作用。当生产关系适合生产力发展的客观要求时，它对生产力的发展起推动作用；当生产关系不适合生产力发展的客观要求时，它就会阻碍生产力的发展。

［方法论］

这一原理要求我们要改革和调整生产关系中与生产力发展不相适应的部分，使之与生产力发展水平相适应，从而促进生产力水平的提高。

［经典语句］

1. 人们在自己生活的社会生产中发生一定的、必然的、不以他们的意志为转移的关系，即同他们的物质生产力的一定发展阶段相适合的生产关系。（马克思）

2. 无论哪一种社会形态，在它所能容纳的全部生产力发挥出来以前，

是决不会灭亡的；而新的更高的生产关系，在它存在的物质条件在旧社会的胞胎里成熟以前，是决不会出现的。（马克思）

3. 一切历史冲突都根源于生产力和交往形式之间的矛盾。（马克思、恩格斯）

4. 根据唯物主义观点，历史中的决定性因素，归根结蒂是直接生活的生产和再生产。（恩格斯）

5. 劳动是整个人类生活的第一个基本条件，而且达到这样的程度，以致我们在某种意义上不得不说：劳动创造了人本身。（恩格斯）

6. 任何一个民族，如果停止劳动，不用说一年，就是几个星期，也要灭亡，这是每一个小孩子都知道的。（马克思）

7. 劳动是一切财富和一切文化的源泉。（马克思）

8. 人们所达到的生产力的总和决定着社会状况，因而，始终必须把“人类的历史”同工业和交换的历史联系起来研究和探讨。（马克思、恩格斯）

9. 手推磨产生的是封建主的社会，蒸汽磨产生的是工业资本家的社会。（马克思）

10. 为了进行生产，人们相互之间便发生一定的联系和关系；只有在这些社会联系和社会关系的范围内，才会有他们对自然界的影响，才会有生产。（马克思）

三十三、经济基础与上层建筑的辩证关系

［马克思主义基本原理］

经济基础决定上层建筑，上层建筑对经济基础具有反作用，二者相互影响、相互作用。经济基础与上层建筑的相互作用构成二者的矛盾运动。经济基础和上层建筑之间的内在联系构成了上层建筑一定要适合经济基础

状况的规律。

［方法论］

这一原理是无产阶级政党制定正确的路线、方针、政策的理论依据。正确理解和运用整个规律，对于我国正在进行的经济体制改革和政治体制改革以及其他方面的改革，具有重大的指导意义。

［经典语句］

1. 权利决不能超出社会的经济结构以及由经济结构制约的社会的文化发展。（马克思）

2. 工人革命的第一步就是使无产阶级上升为统治阶级，争得民主。（马克思、恩格斯）

3. 共产党人不屑于隐瞒自己的观点和意图。共产党人强调和坚持整个无产阶级共同的不分民族的利益。在无产阶级和资产阶级的斗争所经历的各个发展阶段上，共产党人始终代表整个运动的利益。（马克思、恩格斯）

4. 在资本主义社会和共产主义社会之间，有一个从前者变为后者的革命转变时期，同这个时期相适应的也有一个政治上的过渡时期，这个时期的国家只能是无产阶级的革命专政。（马克思）

5. 工人阶级不能简单地掌握现成的国家机器，并运用它来达到自己的目的。（马克思）

6. 政治统治到处都是以执行某种社会职能为基础，而且政治统治只有在它执行了它的这种社会职能时才能持续下去。（恩格斯）

三十四、人民群众是历史的创造者

［马克思主义基本原理］

人民群众是历史的创造者，是真正的英雄。人民群众是物质财富的创造者，人民群众也是精神财富的创造者，人民群众是实现社会革命的主要力量。

坚持群众观点：相信人民群众自己解放自己，全心全意为人民服务，一切向人民群众负责，虚心向人民群众学习。坚持群众路线：一切为了人民、一切依靠人民，从群众中来，到群众中去。

［方法论］

这一原理要求我们要同群众实践相结合，坚持群众路线，树立群众观点。

［经典语句］

1. 历史活动是群众的事业，随着历史活动的深入，必将是群众队伍的扩大。（马克思、恩格斯）

2. 过去的一切运动都是少数人的，或者为少数人谋利益的运动。无产阶级的运动是绝大多数人的，为绝大多数人谋利益的独立的运动。（马克思、恩格斯）

3. 历史是这样创造的：最终的结果总是从许多单个的意志的相互冲突中产生出来的，而其中每一个意志，又是由于许多特殊的生活条件，才成为它所成为的那样。这样就有无数互相交错的力量，有无数个力的平行四边形，由此就产生出一个合力，即历史结果。（恩格斯）

4. 人民，只有人民，才是创造世界历史的动力。（毛泽东）

5. 人们自己创造自己的历史，但是他们并不是随心所欲地创造，并不是在他们自己选定的条件下创造，而是在直接碰到的、既定的、从过去承继下来的条件下创造。（马克思）

三十五、社会存在与社会意识的辩证关系

［马克思主义基本原理］

社会存在决定社会意识，社会意识是社会存在的反映，社会意识对社会存在具有能动的反作用，社会意识具有相对独立性。

［方法论］

这一原理要求我们既要认识到社会存在的决定作用，又要认识到社会意识对社会存在具有能动的反作用，自觉树立正确的社会意识，克服错误的社会意识。要树立实践第一的思想，在分析社会现象时，要尊重社会实际，坚持一切从实际出发，实事求是；同时还要确立先进的正确的社会意识，树立正确的价值观，反对落后的消极的社会意识，重视社会主义精神文明建设，加强社会主义政治文明建设。

［经典语句］

1. 一切划时代的体系的真正的内容都是由于产生这些体系的那个时期的需要而形成起来的。（马克思、恩格斯）

2. 从历史的观点来看，这件事也许有某种意义：我们只能在我们时代的条件下去认识，而且这些条件达到什么程度，我们才能认识到什么程度。（恩格斯）

三十六、辩证思维方法

［马克思主义基本原理］

1. 归纳与演绎。归纳是从个别到一般的思维过程，通过观察和总结已有的个别事实和现象，从而发现其中普遍性规律。演绎则是从一般到个别

的思维过程，通过应用已有的普遍性规律，推导出具体的结论。辩证思维将归纳和演绎相结合，既强调对世界进行总结归纳，也注重从总结中找出普遍规律，再应用到具体情况中去。归纳和演绎方法帮助我们从个别事实中找出普遍规律，并应用于具体情境。

2. 分析与综合。分析是将整体事物分解成各个组成部分，以便更深入地研究每个部分的特性和相互关系。综合则是将各个组成部分重新结合起来，形成一个完整的整体，以便更全面地认识事物的本质和内在联系。辩证思维强调分析和综合的有机结合，既要注重研究事物的各个方面，又要把握事物的整体性和复杂性。分析和综合方法使我们能够全面认识事物的各个方面和整体性。

3. 抽象与具体。抽象是指从具体事物中提取出共性特征，形成概念、原则、规律等抽象概念。具体分析则是指研究事物的具体特征、具体情境。辩证思维认为，只有抽象和具体相结合，才能更全面地认识事物。抽象提供了思维的框架和理论基础，而具体则是检验抽象概念是否符合实际的标准。抽象和具体方法使我们能够把握事物的共性和特殊性。

4. 逻辑与历史的统一。逻辑是辩证思维的一种基本方法，其通过推理和论证来处理思维中的矛盾和关联。历史是辩证思维的重要内容，它强调事物的发展和变化过程。辩证思维强调逻辑和历史的统一，即要求在思维过程中，既要注重逻辑的严密性和推理的合理性，又要考虑到历史与实际情况的联系和变化。逻辑和历史的统一方法帮助我们处理思维中的矛盾，并将思维与实际情况相结合。

［方法论］

这一原理要求我们通过细致入微的观察和钻研，洞察问题的本质；将各种看似独立的现象联系起来，从而形成系统性的认识和解决问题的能力。要用较少的具体案例概括出一般规律，并据此推导和解决类似情况的问题。抽象和具体方法的合理运用，使我们既能扩大认识面，又能提高观察力和解决问题的能力。逻辑和历史的统一方法的运用，使我们能够在分析问题时具有较全面的视野，同时又能运用规范的思维方式解决问题。

［经典语句］

1. 历史从哪里开始，思想进程也应当从哪里开始，而思想进程的进一步发展不过是历史过程在抽象的、理论上前后一贯的形式上的反映。（恩格斯）

2. 归纳和演绎，正如分析和综合一样，是必然相互联系着的。不应当牺牲一个而把另一个捧到天上去，应当把每一个都用到该用的地方，而要做到这一点，就只有注意它们的相互联系，它们的相互补充。（恩格斯）

3. 思维既把相互联系的要素联合为一个统一体，同样也把意识的对象分解为它们的要素。（恩格斯）

4. 一个民族要想站在科学的最高峰，就一刻也不能没有理论思维。（恩格斯）

5. 辩证法的基本原理是：没有抽象的真理，真理总是具体的。（列宁）

卷尾语

时光荏苒，岁月如歌。转眼大学生活已经结束，你又走到了人生的“十字路口”。

恰同学少年，风华正茂！大学时，你如百卉之萌动，展现不负韶华、以梦为马的青春力量；你如小草之青涩，绽放流年中独具的纯真；你如夏花之绚烂，不凋不败，妖冶如火。

清澈的爱，只为遇见你。今天，你依然初心不改、砥砺前行。愿你在人生的奋斗路上一次次破冰，一次次梦想成真，在公考之路上“千帆竞发”。

没有哪一条河流无法越过，没有哪一条道路无法抵达远方！既然选择了远方，便只顾风雨兼程。

青春孕育无限希望，青年创造美好明天。在此，衷心祝愿你以时代之我、青春之我、奋斗之我，在新时代公考的“赶考”路上披荆斩棘、足履实地，实现人生华丽转身。让我们一起走向未来！

笔 者

2025 年 2 月